知れば知るほど面白い
日本の地形の謎

ワールド・ジオグラフィック・リサーチ

宝島
SUGOI
文庫

宝島社

まえがき

いつも通る道路や階段の裏にも個性豊かな地形のロマンが眠っている

私たちが暮らす日本列島には山や川、海岸などをはじめとして、さまざまな地形がある。「地形」と一口にいうだけではピンとこないかもしれないが、じつは私たちの日常生活と地形には、密接な関わりがある。

どこかへ出かけるとき、自分の足で直接踏みしめるのは舗装された階段やコンクリートの橋が多いことだろう。だが、その下には人の足では登れないほどの高低差や、そう簡単には渡れないほどの大きな川などがあったかもしれない。それらの建造物は最初からあったわけではなく、もともとの地形にあわせてつくられたものだ。

これは、なにも最近の話ではない。古来から人びとは地形を利用し、ときに乗り越えながら生きている。たとえば伊達政宗は、仙台城を建てて城下町をつくる場所を、地形の条件から考えた。さらに、そのままでは障害となる地形であっても、整備することで強力な味方に変えていった。

そうして過去に整備された地形が、現代まで地名としてそのなごりを残している場合も多い。東京都でいうなら、渋谷の「谷」や荒川区の「川」など。広島県の「島」も、考えてみれば不思議に思えてくるだろう。

本書で紹介するのは、そんな身近な地形に関するさまざまな情報だ。まずはなじみ深い場所のネタを読み、地形への興味が湧いたら、他の地方にも目を向けてみてはどうだろうか。

目に見えないところにある地形の秘密に気づくことができれば、ふだん使う電車や道路、旅行先の絶景スポットなどが、とても面白いネタの宝庫に思えてくる。この本を読んで、私たちの国が隠しもっていた、壮大な地形のロマンに思いをはせてみてほしい。

著者

第一部 東京・大阪・愛知 都市の地形の謎

第二部 都道府県の地形の不思議

第一部

東京・大阪・愛知
都市の地形の謎

埼玉県
板橋区
足立区
北区
荒　川
練馬区
葛飾区
荒川区
豊島区
本郷台
豊島台
上野台
文京区
墨田区
台東区
中野区
江戸川区
新宿区
杉並区
千代田区
神田川水系
淀橋台
渋谷区
中央区
江東区
飯倉台地
六本木
麻布台地
港区
世田谷区
高輪台地
白金台地
目黒区
目黒台
品川区
目黒川水系
久が原台
荏原台
神奈川県
東京湾
大田区

【東京都】

●元麻布には、なぜいろんな方角に向いた坂道が多いのか?

東京都港区の「六本木ヒルズ」の南には、各国の大使館が集まる元麻布という地区がある。オーストリア、カタール、マダガスカル、中国など9カ国の大使館が集まり、まるで「大使館町」のような界隈《かいわい》だ。

この界隈の地形面での特徴はとにかく坂が多いことだ。仙台坂、大黒坂、暗闇坂、一本松坂、狸《たぬき》坂など、その命名の理由を知りたくなるような名前の坂がさまざまな方角に向いて点在している。いろんな方向の坂道が多い理由は、六本木・麻布周辺が古い年代にできあがった台地である麻布台地と飯倉台地の上に広がっているからだ。

これらの台地では尾根がシカの角のように複雑に枝分かれしている。谷は深く、分布の密度は高い。つまり、狭いエリアに台地と谷が集まっているので坂道も多いのだ。

東京には、武蔵野台地が河川の浸食によって分断されて生まれた七つの台地がある。北から順に、本郷台、豊島台、上野台、淀橋台、目黒台、荏原《えばら》台、久《く》が原《はら》台だ。

六本木・麻布がある麻布台地と板倉台地のほか、白金《しろがね》台地、高輪《たかなわ》台地は淀橋台に含まれる。淀橋台は本郷台や豊島台、目黒台などより形成期が古い。早くに台地ができあがったぶん、火山灰が長い年月の間に厚く堆積《たいせき》し、雨水による台地の浸食も進んだ。

その結果、丘と谷が入り組む複雑な地形が生まれたのだ。元麻布、六本木周辺に、さまざまな方角に上り下りする坂道が多くあるのはそのためだ。

●広尾の有栖川宮《ありすがわのみや》記念公園に滝があるのはどうして?

有栖川宮記念公園(港区)は地下鉄の広尾駅と麻布十番駅にほど近い都会のまんなかにある。約6万7000平方メートルの広さの公園には、大小の滝があり、斜面から湧き水の出る渓谷や池がある。どうしてこのような場所に自然が残っているのか?

現在、広尾商店街がある辺りはかつて川が流れていた低地にあたる。いっぽう、その左岸に位置する公園のある一帯は、武蔵野台地を構成する麻布台地の西端にあたり、東側の高台から西南側の低地に向けて大きく傾斜した地形になっている。この台地の斜面から流れ出る湧き水が長い年月をかけて丘陵地を浸食し、園内に丘と谷が共存する起伏のある地形をもたらしたのだ。

港区は都心ながら湧き水が多い地域だ。その理由は、港区が起伏に富んだ複雑な地形の上に広がっており、湧き水は台地と低地の間に湧く性質をもっているからだ。

有栖川記念公園に渓谷や滝のある自然が残っているのは、江戸時代の大名や、その後の国、自治体が大切に管理してきたからだ。この一帯は江戸時代、盛岡南部藩の下屋敷があった。緑深い渓谷は大名庭園に活かされ、西南側の池に注ぐよう設計されている。

その後、1896年に有栖川宮威仁《たけひと》親王の新邸造成用の御用地となった。有栖川宮家が断絶して以降は、高松宮家が御用地として継承。やがて1934年に御用地を東京市（現東京都）に公園として寄付し、一般開放されたのだ。

●渋谷駅はなぜ地上3階に地下鉄のホームがあるのか？

日本で最初の地下鉄は、浅草と渋谷を結ぶ銀座線だ。1927年、浅草―上野間が開業。その11年後の1939年、浅草―渋谷間が開通し、銀座線は完成した。

銀座線は地下鉄なので、渋谷駅の3つ前の青山一丁目駅や1つ前の表参道駅は地下にある。ところが、渋谷駅では地上3階にホームが設置されている。これはどうしてなのか？

それは、渋谷駅がスリバチ状の地形の「谷底」に位置しているためだ。東京都心部の地形は凸凹が多く、青山や表参道は「丘」に位置する。表参道から宮益坂《みやますざか》にかけての標高は約34メートル。これに対し渋谷駅前のハチ公の銅像前の標高は約15メートル。その高低差は約19メートルだ。

　銀座線のように古い地下鉄では、トンネルは浅い場所に築かれた。そのため青山や表参道では地下駅であっても、そこから平坦な線路を敷いた結果、渋谷では地上３階の高さに出てしまったというわけだ。地形の高低差に合わせて深い場所にトンネルを掘っていれば、渋谷駅も地下駅になっていたかもしれない。だが、そうならなかったのは、１９３８年当時の技術では、電車が渋谷駅から表参道駅に向かう際、19メートルの急勾配を上れないと判断されたからだといわれている。

●渋谷はどうして坂だらけの街なのか？

　日本の若者文化の発信地として知られる渋谷。その玄関口であるＪＲ渋谷駅をスタート地点として周囲を散策すると、誰もが「渋谷は坂だらけの街だなぁ」と感じることだろう。渋谷駅の付近だけでも、宮益坂や道玄坂《どうげんざか》、金王坂《こんのうざか》、南平坂《なんぺいざか》、スペイン坂、オルガン坂など、観光客にも有名な坂がいっぱいある。

　ところで、渋谷にはどうしてこんなに坂が多いのか？　それは、渋谷は武蔵野台地が海になだれ落ちる淀橋台の先端を形成する場所に位置し、さらに西渋谷台地、代々木台地、東渋谷台地の3つの台地の間に広がる、スリバチ状の地形の上に広がっているからだ。台地の底を流れていた渋谷川が深い谷をつくった。その深い谷底に位置するのが渋谷駅だ。谷上と谷底の標高差が約20メートルもあるので、渋谷駅から放射状に延びる多くの道路は必然的に急勾配の坂道になっている。

渋谷には、坂のみならず、「○○山」「○○台」「○○丘」など、地形を表す町名・地名が今も多く残っている。そのため、町名を確認しながら高低差を「体感」できる、都内屈指の散策エリアともいえる。

たとえば、渋谷駅の南西にある高台は「南平台町《なんぺいだいちょう》」。セルリアンタワーや渋谷インフォスタワーといった超高層ビルが建つ小高い丘は「桜丘町《さくらがおかちょう》」。南平台と接する高台は「鉢山町《はちやまちょう》」で、さらに南東の方向に向かって急な坂を上ればやがて「代官山」にたどりつく。狭いエリアに山や丘があり谷があれば、それらをつなぐ道はおのずと坂道になるのだ。

●渋谷の深い谷をつくった渋谷川はどこへ消えたのか？

先に渋谷に坂が多い理由を説明する際、「台地の底を流れていた渋谷川が深い谷をつくった」と記した。では、その深い谷をつくった渋谷川はどこへ消えてしまったのか？

じつは渋谷川のほとんどは戦後、暗渠《あんきょ》（地下に埋設したり、蓋をかけたりした水路）化され下水道として使われるようになったのだ。だから、厳密にいえば、渋谷川は今も存在しているということになる。

渋谷川は現在、渋谷駅南口の稲荷橋から明治通りに沿って渋谷区のまんなかを流れ、広尾を通って渋谷区内の天現寺橋まで流れている。天現寺橋から先は「古川」という名前になり、浜松町近くの浜崎橋で海につながる。

渋谷川は、かつてはいくつかの源流をもち、明治前半まで沿岸では蛍が見られるほどの清流だったという。ところが、１９６４年の東京オリンピックを機に暗渠化された。すでに源流がないため、大雨が降らない限り川に水が流れることはない。

渋谷川をめぐってはこんなエピソードがある。渋谷川は２０１３年に閉鎖された東急百貨店東横店東館の真下を流れていた。いや、１９３４年に渋谷川の上に東館が建設されたといったほうが正しいだろう。

南館と西館には地下街が設けられているが、旧東館は建物の真下を渋谷川が流れていたため、地下フロアをつくることができなかった。「東館のみ地下フロアがない不思議な百貨店」として知る人ぞ知る構造だったが、地形に従った苦肉の策だったのかもしれない。

●東京都心部は意外に緑が多いのはどうしてか？

各自治体が数年ごとに調査し、都市計画に役立てている指標がある。区域の面積に占める緑の割合を表す「緑被率《りょくひりつ》」だ。

東京23区の緑被率の平均は約20パーセント。なかには千代田区や港区など約23パーセントの地域もある。政令指定都市の大阪市は約15パーセント、名古屋市は約22パーセント、横浜市は約28パーセントなので、東京都心部は俗にいう「コンクリートジャングル」ではなく、むしろ想像以上に緑の多い区域であることがわかる。

そうなった理由を説明するには、江戸時代までさかのぼらなくてはならない。現在の都心部は、江戸時代初期に日比谷入江を皮切りに隅田川《すみだがわ》の河口付近などを次つぎと埋め立てて拡大した地域。それらの公共事業は、家康に命じられて諸大名が行なった「お手伝い普請《ぶしん》」だ。こうして生まれた広大な土地に、将軍家をはじめ、諸大名が屋敷や庭園を築き、さらに長期間保持した。

明治以降は、国や行政がかつての権力者の土地を引き継ぎ、森や庭園を都民の憩いの場として管理してきた。だから都心部には多くの緑が残っているというわけだ。

たとえば、徳川将軍の居城であった広大な土地は明治以降、皇居となり、現在は宮内庁が管轄している。松平肥前守《ひぜんのかみ》らの大名屋敷があった日比谷公園、水戸徳川家の上屋敷があった小石川後楽園、6代将軍の家宣《いえのぶ》が屋敷を設けた浜離宮恩賜《おんし》庭園などは、現在、東京都が管理している。

●東京湾の海面より低い土地はどうしてできたのか?

東京の東部に位置する荒川、隅田川、江戸川に囲まれた地域には、「東京低地」と呼ばれる標高の低い土地がある。なかには、東京湾の海面より低くなることから「海抜ゼロメートル地帯」と呼ばれる土地も存在する。なぜそんな低地が生まれたのか?

その謎を解く鍵は、東京東部の地形と地質にある。東京低地の地下には、「沖積層《ちゅうせきそう》」と呼ばれる軟弱な土砂が厚く堆積している。その上部には地下水を多く含む砂の層、その下には軟弱な泥層が分布する。つまり、もともと地盤沈下しやすい地形・地質だったのだ。

やがて明治以降の人口増加と産業の発展に伴って、東京低地に工場と住宅が建てられた。そして、多くの工場が地層から地下水をくみ上げて工業用水として使った。1960年頃からは、南関東ガス田のメタンガスの採取も始まり、地下水のくみ上げは加速した。

これを数十年間続けた結果、地下の地層が収縮して地盤沈下が進んだ。こうして東京湾の海面より低い土地が生まれたのだ。

東京都は地盤沈下を抑えるため、1972年に東京低地でのメタンガスの採取を全面停止。1975年には工業用水の地下くみ上げも全面禁止した。だが、すでに発生した地盤沈下は回復せず、東京ゼロメートル地帯となって現在も残っているというわけだ。

なお、この地域では、そのまま放置すると海水が流入してしまう。そのため、当然のことながら高潮対策として堤防を設け、海水の流入を防いでいるのだ。

●千代田区溜池《ためいけ》交差点はかつてダム湖だった？

東京都千代田区の溜池交差点は、赤坂見附と虎ノ門を結ぶ外堀通りと、六本木と桜田門を結ぶ六本木通りが交差する場所にある。この交差点から徒歩2～5分の距離に総理大臣官邸と内閣府があるので、溜池交差点周辺は日本の政治の中心地といえよう。

この溜池交差点は大雨が降るとすぐに水たまりができることでも知られていた。その理由は周辺と比べ標高が低く、くぼ地になっているからだ。江戸時代までは、現在の赤坂から溜池交差点にかけては湿地帯だったことがわかっている。

さらに興味深いことに、江戸時代には現在の溜池交差点を中心として人工の大きなダム湖があったのだ。研究者によれば、「赤坂溜池」と呼ばれる貯水池に高さ6メートル以上の巨石ダムが設けられ、現在の霞が関ビル辺りに高さ4メートル程度の「虎ノ門堰堤《えんてい》」があった。

では、どうしてこの場所にダム湖がつくられたのか？　それは、江戸町民の飲料水として必要だったからだ。さらにダム湖は江戸城を防御する外濠《そとぼり》を兼ねていた。そのダム湖は家康が大名に命じて建造した外堀兼用の上水源だったのだ。

家康の命令で普請を担当したのは、和歌山藩主・浅野幸長《よしなが》の家臣・矢島長雲だ。1606年、現在の特許庁前交差点付近に堰《せき》をつくり、水をせき止めたのが本格的な貯水池建設の始まりだといわれている。これが日本最初の都市のための多目的ダムとなった。

●東京のどまんなかにあったダム湖はなぜ消えたのか？

先に説明したように、東京都千代田区の溜池交差点周辺はかつて巨大なダム湖だった。ダム湖は玉川上水と連結しており、江戸町民の飲料水になっていた。つまり、江戸町民にとって欠かせない「水瓶《みずがめ》」だったのだ。

しかしそのダム湖は現在、影も形もない。では、東京のどまんなかにあったダム湖はいつ、なぜ消えてしまったのか？

じつはダム湖は明治時代の初期に埋め立てられていた。理由は、ダム湖の水質が悪化し、飲料水として使えなくなったからだ。

ダム湖が建設された頃の江戸の人口はおよそ15万人だったが、その後、爆発的に増加していった。これに伴って、前近代的な設備の玉川上水には生活汚水や糞尿が流入するようになり、ダム湖の水質も一気に悪化し、衛生上の問題が生じた。こうしてダム湖の水は飲料水として使えなくなったのだ。

さらに、明治時代の初期には、東京でコレラや赤痢が流行し、近代的な水道整備が急務となった。同時に明治政府は都心部の再開発事業に取り掛かった。１８８２年、現在の特許庁付近に工部大学校を建設するためダム湖の堰堤《えんてい》の落とし口を広げた。これにより急速にダム湖の水は減少。湿地帯となった一帯は少しずつ埋め立てられていった。

１８９８年、現在の新宿駅西口に旧淀橋浄水場が完成。多摩川から引いた水は淀橋浄水場へ直接送られ、濾過《ろか》されるようになった。「無用の長物」となったダム湖はその後、すべて埋め立てられたのだ。

●江戸城の濠《ほり》はどこから水を引いていたのか?

皇居を訪れて周辺をめぐり、「皇居は濠に囲まれているんだな」と感じた人は多いだろう。皇居外苑には、桜田濠、凱旋《がいせん》濠、蛤《はまぐり》濠、半蔵《はんぞう》濠、千鳥ヶ淵、牛ヶ淵、清水濠、大手濠、桔梗《ききょう》濠、和田倉濠、馬場先濠、日比谷濠の12の濠があり、環境省が管理している。これらは、もともと江戸城の防衛濠だった。江戸城は武蔵野台地の縁《ふち》に位置する場所に建設されたため、城内は起伏に富んでいた。濠は自然の川や谷を利用したもので、高低差によって水が順番に濠を移動するよう計算されていたのだ。では、江戸城の濠の水はどこから引いていたのか?

それは、1653年に築かれた玉川上水だ。玉川上水は上水道で、多摩川から取水し、武蔵野台地を抜け、現在の新宿区四谷まで流れていた。濠の水はそこから引いたもので、最も水位の高い半蔵濠、千鳥ヶ淵に流れ込み、それぞれの濠の水門を順番に下り、最後は最も水位の低い日比谷濠から、現在の東京湾に流れ出ていた。地形を活用したダイナミックな「水の循環」が整備されていたのだ。

ところが、1965年に玉川上水が完全に廃止されたため、濠の水は雨水に頼らざるをえなくなり、水質が悪化した。以降、環境省による水質改善が試みられてきた。

２０１３年に稼働した「濠水浄化施設」は、日比谷濠から取水した濠水を浄化し、送水管で桜田濠と半蔵濠に送水して放流する設備だ。放流された水は各濠をめぐり、ふたたび日比谷濠に戻ってくるようになっている。

●御茶ノ水駅周辺の神田川沿いが深い谷になっているのはなぜ？

ＪＲ御茶ノ水駅の線路の北側は急な崖になっており神田川沿いは深い渓谷となっている。その深さはおよそ20メートル。なぜ都心部にこのような深い谷があるのか？

その渓谷は自然の地形ではなく、江戸時代初期に本郷台地を開削して生まれたもの。つまり、江戸の都市開発の結果、そこに谷ができたのだ。また、御茶ノ水駅周辺を流れる神田川は江戸城防御のための外濠を兼ねた川として、仙台藩伊達家が普請《ふしん》したものだった。

徳川家康は江戸の町を整備するために、全国の大名を動員し、神田山（現在の駿河台や湯島台を含む丘陵地）を切り崩し、江戸城の南に広がる日比谷入江を埋め立てた。ところが、この埋め立てによって予想だにしないことが起こった。現在の飯田橋付近から一ツ橋を通って海に流入していた平川の流れが滞り、下流で洪水が頻発したのだ。

そこで2代将軍秀忠の時代に、仙台藩が平川の氾濫対策と江戸城の外濠を兼ねた放水路建設を担った。このとき、平川の流れを東に変える工事が行なわれ、隅田川に通じる分流として神田川が開削された。こうして深い谷ができたのだ。

駿河台は元来、本郷台や湯島台と地続きの丘陵地だったが、この工事によって切り離され、独立した台地となった。そのため、この地域は急勾配の坂が多いのだ。なお、本郷台を分断して流れる箇所の神田川は、仙台藩の普請にちなんで、のちに「仙台堀」と呼ばれるようになった。

●六本木に少し前までジュンサイが自生する池があった理由は？

港区六本木にある複合商業施設「六本木ヒルズ」の敷地には、回遊式の日本庭園「毛利庭園」がある。庭園名は、この地に江戸時代末まで、長州藩の支藩である長府藩毛利家の上屋敷があったことに由来している。

この庭園にある毛利池は六本木ヒルズの建設時に造成された人工池だ。しかし、それ以前には同じ場所に「ニッカ池」と呼ばれる池があり、澄んだ淡水にしか生育しないジュンサイが自生していたという。

現在の六本木・麻布一帯は、もともとは台地と谷のある起伏に富んだ土地で、湧水や地下水に恵まれていた。さらに毛利庭園のある場所は、崖下に立地するくぼ地で湧水池があった。江戸時代に建てられた毛利家上屋敷の庭園に設けられた池も澄んだ湧水を利用した池だったので、ジュンサイが自生したのだ。

明治以降、土地の所有者は変わっていったが、その池は大切に管理された。戦後、ニッカウヰスキーが周辺の土地を購入し、1952年に東京工場が完成した。そこで「ニッカ池」という呼び名が生まれたのだ。工場の稼働初期には敷地で地下水をくみ上げて使っていたようだ。

やがて周囲の開発により、池の湧水は涸《か》れていったが、池は残った。1977年にテレビ朝日の敷地となってからもニッカ池は保存された。六本木ヒルズが造成された際、ニッカ池は防護シートでおおわれて「埋土保存」され、その上に現在の毛利庭園の池が造成されたのだ。

●都心部を走る中央線はどうして直線なのか？

東京駅と高尾駅を結ぶ中央線。じつは正式名称である中央本線は名古屋まで続いている。その一部に「日本で3番目に長い直線区間」と呼ばれる区間がある。それは、東中野—立川間（24・7キロメートル）だ。周囲を市街地に囲まれた都心部なのに、なぜまっすぐの線路を敷くことができたのか？

　これには諸説ある。「役人が地図上に定規を置き、中野―立川に一直線の赤線を引き、そのとおりに建設されたから」というものや、「甲州街道など街道沿いルートで住民の反対運動が起こり、離れた場所に線路を建設せざるをえなかったから」という説もある。そういう事実もあったのかもしれないが、信憑性《しんぴょうせい》はない。それよりももっと有力な説は、東京西部に広がる武蔵野台地の地形が深く関係している。

　新宿―立川間は、武蔵野台地に存在する海岸段丘のうち最も標高の高い武蔵野段丘を横断するルートにあたる。中央線の前身である甲武鉄道が新宿―立川間で開業したのは1889年のこと。当時の鉄道は馬力の低い蒸気機関車なので、できるだけ勾配のないルートを選んだはずだ。

　また、トンネルや橋を建設する技術と資金は乏しかったこともあり、鉄道を設けるなら、武蔵野台地のうち最も平坦な土地を結ぶのが得策だった。そこで甲武鉄道の担当者は、大きな河川や深い谷がなく起伏もない最善のコースを選んだ。結果として、現行の直線区間が完成したといわれている。

●城南五山はなぜ昔から権力者やお金持ちの住む地区だったのか?

ＪＲ品川駅から目黒駅にかけての山手線の内側で、品川区と港区にまたがるエリアは、かつて江戸城の南に位置していたことから「城南」と呼ばれている。このエリアには、島津山、池田山、花房山、御殿山、八ツ山という五つの高台があり、まとめて「城南五山」と呼ばれている。

江戸時代には、島津山に仙台藩伊達家が、池田山に備前岡山藩池田家が大きな屋敷を構えるなど、当時の有力者が城南五山を独占した。さらに、明治以降は皇族や華族、富豪が邸宅を構え、太平洋戦争後は高級住宅地として分譲された。では、どうして城南五山に大名屋敷が集まり、その後、高級住宅地へと変わっていったのか?

江戸時代に大名が城南五山に屋敷を構えたのは、敵の侵入を早く発見できるという利点があったからだ。また、民家がないため広大な土地を取得することも容易だった。明治以降、華族や富豪が移り住んだのは、敷地の広さに加え、地震の影響が少ない場所だったからだ。権力者や財力のある者は「安心・安全」をお金で買うことができたのだ。

地層はより古いほうが頑丈だ。城南五山のある山の手地域の地層は、約１００万年前〜約２万年前にできた「洪積層《こうせきそう》」なので地盤は固い。これに対し下町は新しくて軟弱な地層の「沖積層」の上にあるため、地盤沈下が起こりやすい。敷地が広く地震にも強い高台であれば、地価が高くなるのは当然。城南五山は高級住宅地になるべくしてなったのだ。

●関東屈指の長さを誇る「戸越銀座商店街」は坂道?

品川区にある「戸越《とごし》銀座商店街」は全長約1・3キロメートルの直線の商店街で、関東有数の長さを誇っている。商店街ブランドの創設や「戸越銀座コロッケ」の大ヒットなど、さまざまな話題づくりが功を奏して、平日の通行量は1万人を超えるという。

ところが、戸越商店街が坂道になっていることはあまり知られていない。じつは東から西に向かってゆるやかな上り坂になっているのだが、勾配があまりに小さいので気づかないのだ。では、なぜ坂道なのかといえば、東西に走る傾斜のある谷底に商店街をつくったからだ。そのため商店街の途中にある交差点で左右を見てみると、どちらも上り坂になっていることがわかる。最寄り駅から徒歩で向かう場合、また地元の人がこの商店街に行くときは、坂を下ることになるわけだ。

江戸時代から明治半ばまで、戸越村は谷あいの湿地帯のなかにあった。水はけが悪いことから、住民はぬかるみや浸水に悩まされていたという。

転機となったのは、1923年の関東大震災だ。都心部の被災地から住民が流入し、人口が増えたため、谷底にあたる場所に小さな商店街が生まれた。しかし水はけの悪さはそのままで、大きな問題となっていた。

そこで、商店街は震災で大きな被害を受けた銀座のレンガをゆずり受け、水はけの悪い商店街の通りに敷き詰め、問題を解消した。そのつながりから、日本で初めて「〇〇銀座」という名前をつけたところ、話題を集めたというわけだ。

●東京の商店街はなぜ谷筋や川沿いなど低地にできたのか?

先に紹介した戸越銀座商店街がそうだったように、東京には谷筋や川に沿って開けた商店街が多い。ジク谷（湿気の多い谷間）に沿って延びる「あけぼのばし商店街」（新宿区）、暗渠《あんきょ》化した渋谷川の跡をなぞって進む「キャットストリート（隠田《おんでん》商店街）」など、枚挙《まいきょ》にいとまがない。

地形を見るまでもなく、谷筋や河川跡はどこも低地だ。つまり、東京の商店街の多くは低地で発達したということになる。では、どうしてそうなったのか?

その理由は、時代や地域によって多少異なる。初期の商店街は、荒川、隅田川、江戸川に囲まれた地域で誕生している。その理由は、江戸時代の物流の中心が水運だったからだ。川の近くに店や問屋、倉庫が建てられ、やがて商店街として発展していった。問屋街として知られるかっぱ橋道具街がその一例だ。

明治以降に誕生した商店街の場合はこうだ。江戸時代の居住区分では、町人は低地に、大名屋敷や寺社は高台に割り当てられていた。明治以降、宅地が分譲され、湿っぽい低地は地価が安いことから庶民が住み、地価の高い高台には富豪が移り住んだ。31ページで紹介した城南五山が典型的な例だといえる。

人口が劇的に増加し、買い物をする場所が足りなくなれば、多くの人が住む住宅地の近くに商店街が必要になってくる。新たに商店街を築く場合、細長くてもよいからある程度の広さの敷地があり、さらに地価が安ければベストだ。その場所が谷筋や川沿いなど低地だったということだ。

●世田谷区の等々力《とどろき》渓谷はどうして生まれたのか？

世田谷区の南部に位置する東急大井町線等々力駅の南側に、「ここは本当に23区内？」と疑いたくなるような自然環境が残っている。東京都の名勝に指定されている都区内唯一の渓谷「等々力渓谷」（2023年7月に起きた園内の倒木により、20

23年12月時点は立入禁止）だ。渓谷を流れる谷沢川《やざわ》沿いに遊歩道が敷かれ、その両側には10メートルほどの高さの崖が約1キロメートル続く。途中には崖の地層の割れ目から湧水が流れ落ちる「不動の滝」もある。

そもそも渓谷は川の浸食によってつくられるもの。水量が多く流れが速ければ、川が台地を浸食する力も大きくなり、谷は険しくなる。等々力渓谷をつくった谷沢川はもともとごく短い川で、源流は現在の渓谷のなかにあった。不動の滝など崖からの湧水が長い年月をかけて谷沢川を築いていったのだ。

等々力渓谷の崖は、多摩川が形成した武蔵野台地の河岸段丘《かがんだんきゅう》（国分寺崖線《がいせん》）の一部。河岸段丘とは河岸に見られる階段状の地形のことだ。段丘面は地下水面が低く、崖の下から湧水が出るという性質をもっている。谷沢川はその湧水を集めて水量を増し、谷を強く削って現在の渓谷をつくっていったと考えられている。

また、もともと傾斜の急な場所を流れていたので、川の浸食力は強かった。等々力渓谷の入り口の等々力駅付近の標高は約28メートル。これに対し出口の標高は約16メートル。その標高差からなる傾斜もあって、谷沢川は険しい渓谷をつくることができたのだ。

●時代劇に登場する「八丁堀」とは東京のどこの堀を指すのか？

江戸を舞台とするドラマや小説の「捕物帳」では、町人から「八丁堀の旦那《だんな》」と呼ばれる与力《よりき》がよく登場する。与力とは、江戸の司法、警察など治安維持にあたった武士の職名のことだ。

この呼び名は、町奉行所の与力やその配下の役職である同心《どうしん》たちの役宅「与力・同心八丁堀組屋敷」が江戸の八丁堀界隈にあったことにちなんだ俗名だ。では、江戸時代の地域としての八丁堀はどこにあったのか？

場所は日本橋や築地などがある中央区で、現在も地名として残っている八丁堀や日本橋茅場町《かやばちょう》、日本橋兜町《かぶとちょう》などの広範囲を指す。そして、その地域には、実際に八丁堀と呼ばれる堀があったという。この周辺は隅田川に近い低地。江戸の町の物流は海運を中心としていたので、町の開発が進むにつれ、船入場と川を結ぶ多くの運河が開削された。この地域も例外ではなかった。

八丁堀は１６１２年頃、下流の亀島川に注ぎ、隅田川に通じる運河として築かれた。長さが「八町（丁）」あったことから命名されたという。１町（丁）は60間《けん》で、１間は6尺で約１・82メートルなので、８町（丁）は約８７３・６メートルの長さだ。

その八丁堀は１９６０年から１９７１年頃にかけて、都市開発のため埋め立てられてしまったが、一部は下水道に転用さている。また、埋立地の一部は「桜川公園」として整備され、現在はオフィス街にある花見スポットとして地域住民に親しまれている。

●お台場の土砂はどこから採取したもの？

ユニークな形のフジテレビ本社ビルや、映画の舞台にもなったレインボーブリッジなどがある臨海エリアの「お台場」。現在、ビルや商業施設が建っている場所はすべて埋立地で、もともとは海だった。

その起源は、1853年のペリー艦隊の来航後、江戸幕府が江戸湊《みなと》（現東京湾）の海上防衛のために品川沖に築いた品川台場（海上砲台）だ。江戸湾はもともと天然の遠浅の海で、品川台場が築かれた周辺は江戸に入るための重要な航路だったため、突貫工事で6つの台場が海上に建設された。100～200メートル四方の規模の人工島をいくつも建造するためには、当然のことながら埋め立て用の土砂が必要だった。では、その土砂はどこから採取したのか？

幸いなことに品川の海のすぐ近くには、高輪台地があった。「御殿山《ごてんやま》」（現在の品川区北品川）と「八ツ山」（港区高輪）だ。このほかに泉岳寺（港区高輪）境内の土砂も採取された。動員された約5000人の人夫が八ツ山や御殿山を切り崩し、土砂を船で品川沖まで運んだのだ。

切り崩した御殿山の跡地には現在、高級マンションや大使館が建っている。八ツ山の跡地の南部には、三菱グループの迎賓館である「三菱開東閣」が建っている。また、築造資材の坑木は関東地方の林で調達し、石材は相模《さがみ》や伊豆、駿河《するが》から海上輸送した。台場の表面に張る芝生は、現在の千葉県から調達したことが記録に残っている。

●明治神宮の森はもともと人工林だった？

山手線原宿駅から参道の入り口にある鳥居まで徒歩2分の距離にある「明治神宮」（渋谷区）は、明治天皇と昭憲《しょうけん》皇太后を祭神とする神社だ。アクセスのよさもあり、初詣で例年、日本一の参拝者数を誇っている。

22万坪もの敷地は濃い緑におおわれており、予備知識なく参拝した人は、「明治神宮の森は自然林が何百年もの間、大切に保存されてきたんだな」などと感心することだろう。ところが、明治神宮の森は人工林が自然林化したもので、しかも植樹されてからまだ100年強しかたっていない。

明治神宮は武蔵野台地の東部にある淀橋台地に位置しており、本殿のある場所の標高は33メートル。一帯は広大な緑地だが、江戸時代までは「代々木の原」と呼ばれる荒れ地だった。江戸時代になり、彦根藩主・井伊家などの大名下屋敷が設けられた。そして明治に入ると政府に買い上げられ、御料地《ごりょうち》（皇室の所有地）となった。

明治神宮の創建は1920年。1915年に造営工事が始まるまで、代々木御料地とはいえ、そこは畑や草原、沼地からなる土地で森林はなかった。神宮にはそれを取り囲む森林が欠かせない。そこで人工林を植える計画が進められたのだ。このニュースを聞いた全国の自治体や森林組合から「植樹する木を奉納したい」と申し出が殺到した。献木の数は何と約9万5000本。これらの木が本殿を囲むように移植され、年月を経て自然林化していったのだ。

●小名木川《おなぎがわ》は塩の輸送路ではなく軍事用の高速水路だった？

江東区を流れる小名木川は隅田川と旧中川を結んで流れる全長約5キロメートルの運河だ。この川は江戸幕府を開く前の徳川家康がある目的で建設した。

家康が江戸に入るまで、現在の江東区周辺は湿地帯だった。1590年に江戸入りした家康は、まず家臣たちの生活に欠かせない塩を確保するため、製塩を行なっていた行徳《ぎょうとく》塩田（千葉県行徳）までの水路として運河を開削させた。それが小名木川だ。

当時、日比谷入江付近（千代田区東部）まであった江戸湾は砂州《さす》や浅瀬が広がり、船の運航には適していなかった。そのため行徳塩田まで船で行くには大きく沖合を迂《う》回《かい》するしかなかったが、小名木川ができたことで、航路は大幅に短くなった。

と、ここまでは、家康が小名木川を最優先で開削した理由の定説だが、小名木川は軍事面でも重要な役割を担っていたという説もある。家康は当時、越後（新潟県）の上杉景勝《かげかつ》と奥州（東北地方）の伊達政宗といった有力大名を警戒していた。そこで彼は塩の輸送路と見せかけて、じつは上杉や伊達の攻撃に備え、軍事用の水路を築いたのではないかという説だ。

海岸線の内側の干潟に開いた水路なので、船は海の波に影響を受けずに進軍できる。また、荒川・利根川を経由すれば、関東各地への機動力が飛躍的にアップする。この説が事実なら、当時の江戸の地形を最大限に活かした軍事用の水路だといえるだろう。

●赤坂御用地のなかには野生のタヌキが生息する森がある？

上皇上皇后の住まいである仙洞《せんとう》御所や秋篠宮家の宮邸がある「赤坂御用地」（港区）は、一般に開放されておらず、私たちは園遊会に招かれでもしない限り入ることはできない。それだけにずいぶん謎めいた印象がある。

赤坂御用地は武蔵野台地の東端にあり、谷の入り組んだ地形となっている。武蔵野台地は新宿方面から四谷を経て皇居西側の半蔵門まで東西に尾根筋が続いている。江戸時代初期、この尾根筋に江戸城の守りの要《かなめ》として有力大名の屋敷が配置された。赤坂御用地はそのうちの一つで徳川御三家である紀州徳川家の上屋敷があった場所だ。

赤坂御用地の広さは50万８９２０平方メートル。これは東京ドーム約11個分の面積だ。北側に丘があり、森になっている。ここに東宮御所がある。東宮御所の地は標高30メートルなので、高台といえよう。

南側にもやや低い丘があり、秋篠宮邸、三笠宮邸などがある。北と南の丘を分断するように谷が走り、池がある。赤坂御用地内は、森のほか、以前は川だった池や湿地、斜面も多い。このような地形にあり、また皇室の方々は自然を大切にされてきたので、赤坂御用地ではある野生動物の生息が確認されている。

それはタヌキだ。住まいの近くに野生のタヌキがいるということだけで、親近感を覚える人がいるかもしれない。都心部では、赤坂御用地のほかにも、皇居や新宿御苑、明治神宮などでも野生のタヌキが確認されている。都心部は意外と緑が多いという証拠だろう。

●四谷の「四つの谷」とはいったいどこのこと？

新宿区に「四谷」と呼ばれる地域がある。この地名は、「四つの谷」があったことに由来するという説と、４軒の茶屋があったため、「四ツ屋（四ツ家）」が転じて四谷になったとする説がある。では、四つの谷説の四つの谷とは、いったいどこを指すのか？

有力なのは、次の４つ。千日谷《せんにちだに》（新宿区）、茗荷谷《みょうがだに》（文京区）、千駄ヶ谷《せんだがや》（渋谷区）、大上谷《おおかみだに》（渋谷区）だ。

いっぽう、新宿区では「四ツ屋説」を採用し、区のホームページで四谷の名前の由来にふれている。それによれば、（現在、新宿御苑の近くにある）四谷四丁目交差点の辺りはかつて左右とも谷となった道が1本あり、そこに4軒の茶屋があったことによる、ということだ。どちらの説もそれなりに説得力があるが、今となっては検証しようがないので、四谷という地名の由来ははっきりしない。

もともと新宿区は武蔵野台地の東端に位置する。地形面での特徴は、区の南東側を形成期の古い淀橋台が占め、西側を形成期の新しい豊島台が占めていることだ。

淀橋台は、四谷地区から新宿駅周辺に至る標高30メートル以上の高い台地、豊島台は落合地域周辺と大久保から牛込《うしごめ》にかけて広がる標高20～25メートルくらいの台地だ。

新宿区はおもにこの2つの台地と、それらに挟まれた低地面からできている。だから、谷は4つどころか、104つくらいあったのではないかとも考えられる。そう考えると、四つの谷説は信憑性《しんぴょうせい》が薄いといえよう。

●都心に約45メートルの高さの「箱根山」があるのはなぜ？

山手線内で一番高い山は、新宿区の戸山公園にある標高44・6メートルの「箱根山」だ。戸山公園は東京メトロ早稲田駅から徒歩10分ほどの場所に位置する。

この一帯は武蔵野台地の淀橋台西部に位置し、もともと標高の高い地域。そのため、都心といえども箱根山のような高い山ができたのかと思えば、じつは箱根山は江戸時代に造成された人工の山、つまり築山《つきやま》だ。

では、どうしてここに山を築いたのか？

江戸時代初期、現在の戸山公園一帯には、尾張徳川家の下屋敷があった。2代藩主・徳川光友《みつとも》がこの地に整備した庭園を「戸山荘」と名づけた。

約45万平方メートルの広大な敷地には、池や山のほか、寺社もあったという。徳川御三家の尾張徳川家の庭園だけあって、江戸有数の大名庭園だったようだ。

その造園の際、池を掘った土砂を積み上げて固め、完成したのが箱根山だ。では、築山の名前もそのまま「戸山」でよいはずなのに、なぜ箱根山と命名されたのか？

一説には本家の箱根山（神奈川県）に見立てて築山したからといわれている。ただし、箱根山と呼ばれるようになったのは、明治時代以降のこと。

1873年、戸山荘の跡地に日本陸軍の軍学校「陸軍戸山学校」が開かれた。この頃から箱根山と呼ばれるようになったようだ。日々訓練に追われる軍人の卵たちは、この山を見上げて遊山《ゆさん》気分を味わいたかったのではないだろうか。

●なぜ銀座には橋のない場所に「○○橋」の地名が多いのか？

日本有数の繁華街である銀座。銀ブラという言葉が有名なように、界隈をぶらり散策していると橋がない場所に、呉服橋、鍛冶《かじ》橋、数寄屋橋《すきやばし》といったように、「○○橋」という地名が残っていることに気づく。

これは、多くの川や堀が埋め立てられたことを物語っている。かつて橋があった場所に、そのなごりとして「○○橋」という地名が残っているのだ。

江戸時代よりも前、現在の丸の内から日比谷にかけては日比谷入江と呼ばれる入江で、その東には隅田川の運んできた砂によって「江戸前島」と呼ばれる砂州《さす》の半島が形成されていた。江戸湊に大きく突き出したその半島の先端部近くが現在の銀座にあたる。

江戸に入った徳川家康は、まず日比谷入江と江戸前島を埋め立て町人の住む土地をつくった。次に、駿府《すんぷ》（静岡市）にあった銀貨鋳造所「銀座役所」を現在の銀座2丁目に移し、そこで銀貨の鋳造が行なわれるようになった。銀座という地名はこれに由来している。

こうして金融の中心地となった銀座一帯には、川や堀が開かれ、水運による物流システムが整備された。しかし明治以降、陸上交通が発達すると水運は廃《すた》れていった。

1923年の関東大震災や1945年の東京大空襲で発生した大量の瓦礫《がれき》が川や堀に投げ込まれたことを機に、やがて埋め立てが開始される。その後、64年の東京オリンピックの開催が決まると、残っていた河川も埋め立てられた。

●荒川区に「荒川」が流れていないのはなぜ？

荒川区は東京都の北東部に位置し、台東区、文京区、北区、足立区、墨田区に隣接している。この辺りは西日暮里の一部を除いて標高の低い平坦な地形だ。江戸時代には近郊農村地帯だったが、明治以降、工業地帯が形成された。

ところで、荒川区という区名なので、区内に荒川が流れていると思い込んでいる人は多いだろう。じつは荒川は流れていない。荒川が流れているのは足立区で、荒川区を流れているのは隅田川だ。

では、なぜ荒川区に荒川が流れていないのか？　じつは江戸時代に荒川の下流は、俗称として隅田川とも呼ばれていた。ところが、幕府の行なった工事により、荒川の流域では洪水が発生するようになった。

明治になってからも洪水が頻繁に発生したことから、東京の下町を水害から守るため放水路建設が計画された。こうして1930年、17年をかけて北区の岩淵《いわぶち》から東京湾まで、総延長22キロメートルにも及ぶ人工河川「荒川放水路」が完成した。これにより一帯は大きな水害に見舞われることはなくなった。

1932年、荒川区が誕生し、区内を流れる川は荒川と名づけられた。しかし1964年の河川法により、荒川放水路のほうが「荒川の本流」と決められ、もともとの荒川の流路を流れる部分は正式に隅田川と呼ばれるようになった。このような経緯があり、荒川区から荒川が消えた。そして、荒川区には隅田川が流れることになった。

●都心を一周する山手線の最高地点はどこにある？

1周34・5キロメートルの距離を約1時間でめぐるJR山手線。都心をぐるりと1

周する途中に、いくつかの台地と、その谷間にある低地の両方を走り抜けるので、「都心の地形を体感できる鉄道」だといえよう。

江戸時代より前は海辺や湿地帯だった日暮里や東京、有楽町、品川などは、当然のことながら低地にある。反対に、目黒、代々木、新宿、池袋などは高所にある。当然ながら、この地域の線路や駅は武蔵野台地の丘の上に建設されている。では、山手線として最高地点はどこにあるのだろうか？

それは新宿駅付近だ。新宿駅から新大久保駅に向かうとき、電車はすぐに中央線をまたぐが、その橋梁《きょうりょう》上が最高地点となる。標高は41・1メートル。山手線内で最も高い山「箱根山」の山頂の標高44・6メートルと比べても3・5メートル低い程度の高所だ。じつに惜しい。いっぽう、最も高所にある駅は代々木駅となる。その標高は38・7メートル。ただし、代々木駅は高架上にあるので、地盤面での最高所の駅としては、標高37・1メートルの台地に築かれた新宿駅となる。

武蔵野台地の東端に位置する新宿は、区の南東側を形成期が古く標高の高い淀橋台が占めている。そのため、新宿駅も高所にあるというわけだ。こうして標高から山手線を俯瞰《ふかん》して見れば、低地を走る区間は「海浜鉄道」、高台を走る区間は「山岳鉄道」といえるかもしれない。

●山手線にあった関東初の鉄道トンネルはどこにあった?

都心をぐるりと1周する山手線はトンネルのない鉄道として知られている。だが、山手線の前身である日本鉄道時代には、2つのトンネルがあったという。いったいどこにあったのか、また、せっかくあったトンネルはなぜ消えてしまったのか?

一つは、現在の目黒駅付近に1885年に完成した「永峯《ながみね》トンネル」だ。五反田―目黒間はじつは大きな傾斜になっている。五反田から目黒へ向かった場合、わずか1・2キロメートルの距離を、標高約5メートルの低地から標高約28メートルの台地へと上ることになる。そこで、日本鉄道は目黒駅付近にトンネルを掘ったのだ。トンネルの長さは36・6メートルだった。これが関東で最初の鉄道トンネルといわれている。

撤去されたのは、1918年の山手線複々線工事の際だ。現在、トンネルがあった痕跡はない。残っていれば今頃、鉄道ファンが集まる「鉄道遺産」となっていたことだろう。

もう一つのトンネルは、1903年に日本鉄道が、池袋―田端間を開業した際に開通した「道灌山《どうかんやま》トンネル」で、駒込―田端間にあった。田端は低地、駒込は高台に位置するため、田端から駒込に向かうとき、急勾配を上らなければならなかった。そこで、12メートルほどの短いトンネルがつくられたのだ。

道灌山トンネルも1925年の山手線複々線化により使われなくなった。トンネルの上は道路になっているが、その下の斜面に煉瓦《れんが》造りの抗門の一部が現存している。

●東京メトロ千代田線の国会議事堂前駅が深い理由は？

東京の地下鉄の駅の深さから、周囲の地形の特徴がわかることがある。たとえば、次のようなケースがその一例だろう。

大江戸線ができるまで東京メトロで最も深い位置にあった駅は、千代田線の国会議事堂前駅（千代田区永田町）。駅名どおり国会議事堂の最寄り駅で、総理大臣官邸にも近い。国会議事堂前駅の地上からの深さは37・9メートルに達する。

国会議事堂前駅には、東京メトロの丸ノ内線も乗り入れているが、丸ノ内線のホームは千代田線の駅より25メートル以上も上にある。では、千代田線の国会議事堂前駅は、どうしてこんなに深い場所にあるのか？

国会議事堂に近いことから、「緊急時に国会議員のための地下シェルターになるよう地下深くにつくられた」という都市伝説があるが、残念ながら、そのような事実はない。駅が深い場所に設けられた理由は、駅の周辺が丘状になっているからだ。

この一帯は武蔵野台地の東端部に位置し、さらに国会議事堂と総理大臣官邸は高台の上にある。そのため、国会議事堂前駅の入り口は東どなりにある千代田線・丸ノ内線の霞ケ関駅付近の地表から見て、約20メートルも高い場所に位置する。

いっぽう、丸ノ内線の国会議事堂前駅が深くならなかったのは、丘の勾配にあわせて上っていくようにトンネルを掘って線路を通したからだ。この後に開通した千代田線は丸ノ内線の線路を避けるために、さらに深い場所を通るルートを選んだといわれている。

●日本最初の鉄道の一部で海上に線路を敷いたのはなぜ?

1872年に日本で初めて開通した鉄道は新橋—横浜間だ。じつはその一部では、線路が海のなかを通っていたという。そんなことが可能なのだろうか?

当時の地図を見ると、現在の田町駅の浜松町寄り、芝浦1丁目から品川駅付近までが「高輪海岸」と記された海岸線が描かれている。その頃の高輪や品川は海に接していたのだ。そして、線路はその海岸線に沿って、海のなかに敷かれている。

明治政府は高輪海岸の沖合に堤防をつくり、そこに線路を設けたということだ。では、なぜわざわざ海上に線路を敷いたのか?

その理由は、当時、高輪の沿岸に国の軍政機関「兵部省《ひょうぶしょう》」の敷地があり、軍部が軍事上の理由から測量や土地の引き渡しを拒否したためだ。そこで政府はこの2・7キロメートルの区間のみ、遠浅の海の上に幅6・4メートルの堤防を築き、その上に線路を敷設することになったのだ。高輪海岸から数十メートルから100メートルの場所に堤防を築いたという記録が残っている。

高輪二丁目交差点には、かつての高輪海岸の石垣の一部が残されている。それは1995年、区有施設建設用地内の遺跡の発掘調査の際に出土したものだ。石垣には、おもに相模湾岸から伊豆半島周辺で採石された安山岩《あんざんがん》が用いられていたことがわかっている。昔の鉄道地図や発掘された石垣からでも、かつての東京の地形が明確に見えてくるので、散歩の際にはぜひ探してみよう。

●江戸時代に隆盛を極めた寺院は現在の上野公園を占領していた？

現在の上野公園のほぼ全域は江戸時代、ある寺の境内だった。上野公園の面積は約53万8500平方メートル。その寺は最盛期には上野公園の2倍の寺域を有していたという。いったいどんな寺だったのか？

それは徳川将軍家の菩提寺《ぼだいじ》として1625年に創建された天台宗の寺院「寛永寺《かんえいじ》」

だ。江戸に天台宗の拠点を造営したいと考えた僧・天海《てんかい》の願いを2代将軍・秀忠《ひでただ》が聞き入れ、3大名の屋敷があった高台を提供した。

3代将軍・家光《いえみつ》の代に、現在の東京国立博物館の場所に本坊が建立され、大きな庭も設けられた。ちなみに上野公園や上野動物園のある一帯は、武蔵野台地が最も東に岬のようにせり出した場所「上野台」にあたる。標高は約20メートルだ。

神社や寺院は古来、岬の先端や高台など、人びとが神聖な場所と感じるところにつくられてきた。さらに、上野台は江戸城の鬼門《きもん》である東北の方向にあったことも決め手の一つになった。こうして寛永寺は天台宗の関東の拠点として、また徳川家の権力の象徴としても、広大な寺域を有していったのだ。

ところが、寛永寺は幕末に新政府軍と旧幕府軍が戦った「上野戦争」の戦場となり、おもな建物は焼失。明治になると新政府が旧境内を没収し、公園用地に指定した。これが現在の上野公園の起源だ。本堂と土地を失った寛永寺は1875年に現在の東京芸術大学音楽学部の裏手に移り、再興したが、規模は大幅に縮小した。

●佃《つくだ》島、石川島、月島はもともと単独の島だった？

築地市場の移転問題で話題となった築地と豊洲《とよす》の間に位置する中央区南東部には、

隅田川の河口に広がる島のような地区がある。もんじゃ焼き店が多いことで知られる「月島」をはじめ、佃煮の発祥地として名高い「佃島」や、石川島播磨重工業（現ＩＨＩ）があった「石川島」など「島」のつく地名が多い。

しかしこの3つの町は地続きなので、一つの島のように見える。では、もともと3つの島だったのか？

地形面の特徴は、この一帯が隅田川河口の中州《なかす》であったことだ。そのため海抜0メートルの地域が多い。島のつく地名のうち、佃島はもともと砂州《さす》からなる単独の島だった。江戸時代初期に、摂津《せっつ》佃村（大阪市）の漁民などが移住し、漁業を始めたため、佃島の名前がついたという。

石川島ももともとは隅田川河口に位置する島で、南隣の佃島とは別の島だった。江戸時代初期に、旗本の石川八左衛門が徳川家光から拝領したことから石川島と呼ばれるようになった。やがて佃島と石川島は江戸時代中期に埋め立て工事が行なわれ、地続きになった。このとき、佃島の一部に石川島が組み込まれるような形になり、のちに町名も佃島に統一された。

月島は明治以降に、佃島に隣接して埋め立てられた人工島だ。当初は「築島《つきしま》」と書いたが、のちに「月」の字が当てられた。この月島と佃島・石川島が接続し、埋立地からなる一つの島となったのだ。

●東京都にある日本一人口が少ない自治体は活火山のなかにある?

東京への一極集中による弊害が議論されるようになって久しい。第2次安倍政権では地方の人口減少に歯止めをかけ、日本全体の活力を上げることを目的とした「地方創生」政策が始まった。だが、じつは日本一人口の少ない自治体は東京都内にある。

それは、伊豆諸島の最南部に位置する青ヶ島村だ。東京都区部から約358キロメートルの距離にあり、最も近くの八丈島からでも約70キロメートル離れている。

青ヶ島は海底からの高さが1100メートルにおよぶ海底火山の島で、その全体が村域になっている。面積は約6キロ平方メートル、周囲9キロメートルだ。総務省統計局の国勢調査(2022年)によれば、総人口は166人だ。

島へのアクセスは、まず羽田発の飛行機か、竹芝桟橋から出る船で八丈島を目指し、次に八丈島から連絡船かヘリコプターで島へ渡る以外に手段はない。青ヶ島村には江戸時代から人が住んでいた。しかし1785年に火山が大噴火し、約200人が八丈島へ避難。その後、1824年に島民全員が帰還を果たしたという歴史がある。ただし、次の噴火の可能性が消えたわけではない。活火山のなかに村があるようなものなのだ。

地形面での大きな特徴は、世界でも珍しい二重カルデラ火山の島であること。島の周囲を取り囲む外輪山のカルデラ（火山活動でできた大きなくぼ地）の中央に、中心がへこんだプリンの形をした内輪山がある。

●日本の標高の水準原点は国会議事堂前にある？

地形に着目するうえで欠かせない指標がある。それは標高だ。標高は山や土地など一般的な地形上の高さを表す場合に用いられる。これに対し、津波や高潮の災害対策では海抜が使われる。海抜も標高も平均海面が基準となり、どちらもある地点の高さを表すことでは同じだ。海面の高さは満潮干潮などによって変化するので、それらを平均した海水面を「標高ゼロメートル」としている。ただし、その正確な高さを定めた水準原点は東京湾にあるのではない。

じつは水準原点は、湾岸より地盤のよい国会議事堂前の憲政記念館（千代田区永田町）の庭園にある。海面は波があり、また満潮干潮があるので固定されていない。そこで国会議事堂前に設置された日本水準原点（24・3900メートル）を基準点として測量しているのだ。ただし、国会議事堂前に設置された理由は公表されていない。

この日本水準原点の高さは、1873年か1879年までの東京湾霊岸島《れいがんじま》水位観測所（中央区）で測定した東京湾の平均海面を調べ、1891年に現地に設けられた。日本水準原点は、経年変化による高さの変動が生じないように、基礎が地下10メートルまで達している。当初の標高は24・5メートルだったが、1923年の関東大震災によって日本水準原点の地盤が沈下したため、その標高が24・4140メートルに改定された。その後、東北地方太平洋沖地震に伴い、現在の標高に改められたのだ。

【大阪府】

●どうして大阪のことを「なにわ」と呼んだの？

今では、大阪のことを「なにわ」と呼ぶことは少ない。地名や社名、あるいは古いドラマのもの言いや、歌のなかでしか使わない言葉だ。古く、泥くさいイメージがある、大阪を指す「なにわ」という言葉は、いったいどこから来たのだろう？

「なにわ」という言葉は、「浪速《なみはや》」という言葉がなまって変化したものだといわれている。その起源は古く、『日本書紀』の神武《じんむ》天皇即位前紀条という箇所に登場する。

第1代目の天皇である神武天皇が九州を発《た》ち、大和《やまと》を征服して橿原宮《かしはらのみや》で即位する神武東征の旅の途中のこと。瀬戸内海を通過した一行は現代でいう大阪に到着。この頃の大阪は現代とは様相が大きく異なり、大阪平野は河内《かわち》湾という内海の底にあり、現在の上町台地だけが半島のように浮かんでいた。

神武天皇が到着したのは上町台地の北端の地だった。その潮の流れが速い状況を見た神武天応が「浪速国《なみはやのくに》」と名づけたとされている。難波碕《なにわのみさき》を出発した神武天皇は大阪湾の奥、孔舎衛坂《くさえのさか》に向かうが、そこで戦いに敗れ、紀伊半島を回って大和へ向かったという。

一行は難波碕に1カ月滞在したとされ、大阪天満宮の敷地内に神武天皇聖蹟難波之《じんむてんのうせいせきなにわの》碕《みさき》顕彰碑《けんしょうひ》がある。ただ、この碑の位置に難波碕があったかどうかは定かではない。いずれにせよ、「なにわ」のネーミングに一役かったのが神武天皇というから、ありがたい地名であるのも確かだ。「浪速」はさらになまり、奈良時代には「難波《なんば》」と呼ばれたという。

●難波宮《なにわのみや》の国際港だった「難波津《なにわのつ》」はどこにあった?

「難波津《なにわづ》に　咲くやこの花　冬ごもり　今は春べと　咲くやこの花」。これは、渡来

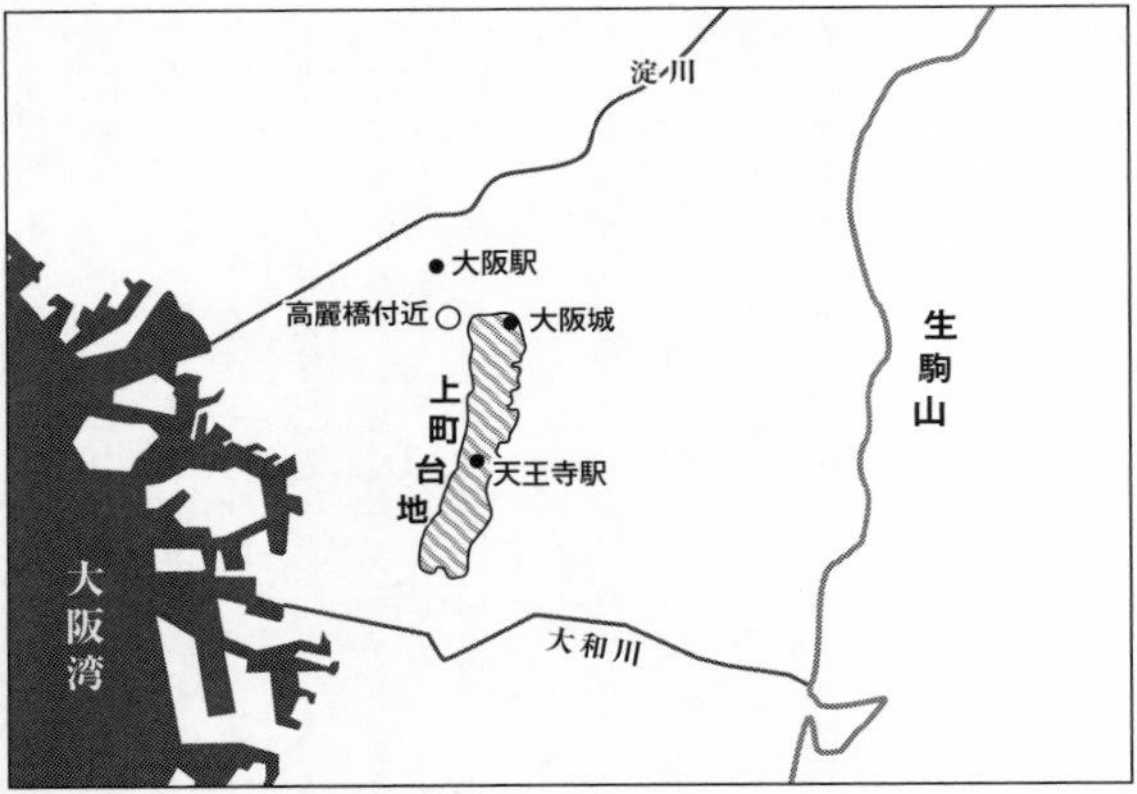

大阪市を中心とした現在の地形

人の王仁博士《わにはかせ》が仁徳《にんとく》天皇の即位の際に贈った歌。「難波津にこの花が咲いたよ。冬の間はこもっていた花が、いよいよ春だと、この花が咲いたよ」という意味で、競技かるたの序として知られる。「難波津」という地名の「津」は港を意味する。仁徳天皇の時代、海は東大阪市、生駒山《いこまやま》の麓まで入り込んでいた。「難波」という地は上町台地にあり、「難波津」とはそこにつくられた人工の港のことをいう。

もとは住吉大社の門前にあった天然の良港「住吉津《すみのえのつ》」が国際港として機能していた。水路「堀江」が掘られた後は、海外航路の動線が変わり、国際港の役目は「難波津」に移った。5世紀前半に成立し、物流・外交・迎賓館・外敵監視などの設備が整っていたという「難波津」だが、その所在は明確ではない。三津寺町付近、天満橋・天神橋付近、上町台地の東側付近などの説があるが、現在は高麗橋《こうらいばし》付近という説が定説になりつつある。

　高麗橋は現在の大阪市中央区、北浜に位置する中心部だが、付近からは5世紀の土師器《はじき》、須恵器《すえき》、韓式《かんしき》土器が出土している。また、高麗橋の近くで、上町台地の北側にある法円坂でも5世紀頃の物流拠点と見られる16棟の大型建物群が発見された。「高麗橋」という名自体、朝鮮半島からの使節を迎える迎賓館の名前に由来するともいわれる。そうした出土品や遺跡、地名のなごりから鑑《かんが》みても高麗橋付近が「難波津」の場所だと見られる。

●大阪に存在し、そして消えた巨大な「河内湖」とは？

　約2万年前の氷河期の後期、海面は現在よりも低く、当時は瀬戸内海や大阪湾も陸地だった。日本列島は大陸と陸続きだったので、ナウマンゾウやオオツノジカなどが大阪を歩いていたという。人も石器を使い、狩猟と採集をして暮らしていた。

　5500年前頃、海面が上昇し、大阪湾にも海水が浸入する。海が生駒山の麓まで迫り、上町台地だけが半島のように浮かび、海と河内湾と呼ばれる内海を区切っていた。河内湾のまんなか、現在の大阪市鶴見区ではナガスクジラの化石が発見されている。河内湾では彼らが潮を吹き上げる姿が見られたのだ。

２０００年前には、ふたたび気温が下がって海面が低くなり、湾内に海水が入らなくなる。上町台地の北には外海の波で延びた砂州が突き出し、淀川からの土砂が堆積したことから水の出口は狭くなった。そうして１６００年前頃、湾内は淀川や大和川の水を湛《たた》えた淡水の河内湖となった。

河内湖に人が住み始めるのは縄文時代から弥生時代にかけて。また、大和朝廷の仁徳天皇が上町台地の上に難波《なにわ》高津宮《たかつのみや》を置いたのが4世紀後期～5世紀初期、河内湖は堆積物で小さくなって現在の大阪府東部に残り、草香江《くさかえ》と呼ばれていた。

小さいといっても草香江の水害は甚大な被害をもたらした。そこで、仁徳天皇は砂州の一部を排水路として掘削《くっさく》。その結果、湖は湿地へと変わり開発され、河内湖は姿を消すことになった。

●「難波堀江」はどうしてつくられた？

大阪の中心を貫いて大川《おおかわ》、堂島川《どうじまがわ》、安治川《あじがわ》へと続き、豊かな水量を湛えて高層ビルやホテル、高速道路を水面に映すこれらの川。じつはある目的のため、5世紀頃に掘削された「難波堀江《なにわのほりえ》」と呼ばれた人工の水路なのだ。

古代の大阪は現在とまったく異なる風景を見せていた。約6000年前、平野部は一面大海原であり、上町台地だけが半島のように突き出ていた。縄文時代中期になると大和川や淀川水系から流れる土砂により、上町台地の先端に形成された砂州が北へ延び、弥生時代には上町台地の東側が大きな湖となる。

5世紀頃になると大和朝廷は上町台地一帯を支配するようになる。その南部にある住吉神社前の海岸には外交の拠点として住吉津という港が置かれた。上町台地の東側には平野部と「草香江」という湖が形成される。川から流れた水は上町台地に塞がれて逃げ場を失い、水があふれ、平野部では洪水が多発。

そこで、あふれた水を大阪湾に逃がすために時の天皇、仁徳天皇が上町台地の北側に延びていた砂州を掘削し、東西に貫通させた水路が「難波堀江」だ。

治水のために掘った水路だが、渡来人の案内や内外から贈られた献上品の輸送用の水路としても機能した。「難波堀江」を通過することで難波津、さらに、その先の大和にスムーズに物資を運ぶことができたのだ。「難波堀江」によって平野部の治水は改善、さらに水路の発達は大和朝廷の文明発展を加速させる役目を担った。

●大阪にアルプスがあるって本当？

本州中央部にそびえる、「北アルプス」「中央アルプス」「南アルプス」、この3つが、それなりのスケールのある、立派な日本版のアルプスだ。「大阪アルプス」は、そう呼んでもいいのか迷う、マイクロサイズの残念なアルプスだが、そう呼んでゆずらない人びとがいるのだから仕方がない。

「山がそろってたら、アルプスと呼んだらええんちゃう？」と考えるのが大阪人。大阪市内を見渡すと小さい山が六つある。それを大阪アルプスに見立てたというわけだ。

その一つが、日本一低い山との誉れが高い大阪市港区の天保山《てんぽうざん》。江戸時代に掘った安治川という運河の工事の際に出た土砂が積まれてできた20メートルの人工山だ。1911年には7・16メートルに縮小、地盤沈下によってさらに4・53メートルとなり、めでたく日本一低い山となった。

天保山には何と山岳会があり、天保山に登頂した者には、地元の商店街で登頂証明書（有料）がもらえるという。また、同山岳会は天保山に加え、生野区の岡山、阿倍《あべ》野《の》区の聖天山《しょうてんやま》、住吉区の帝塚山《てづかやま》、天王寺区の茶臼山《ちゃうすやま》、以上をもって大阪五低山として位置づけ、五低山を縦走すると「なにわ歩ぴにすと」に認定される。さらに、同山岳会のメンバーは大正区の昭和山《しょうわざん》を加え、「大阪アルプス」として位置づけた。キダ・

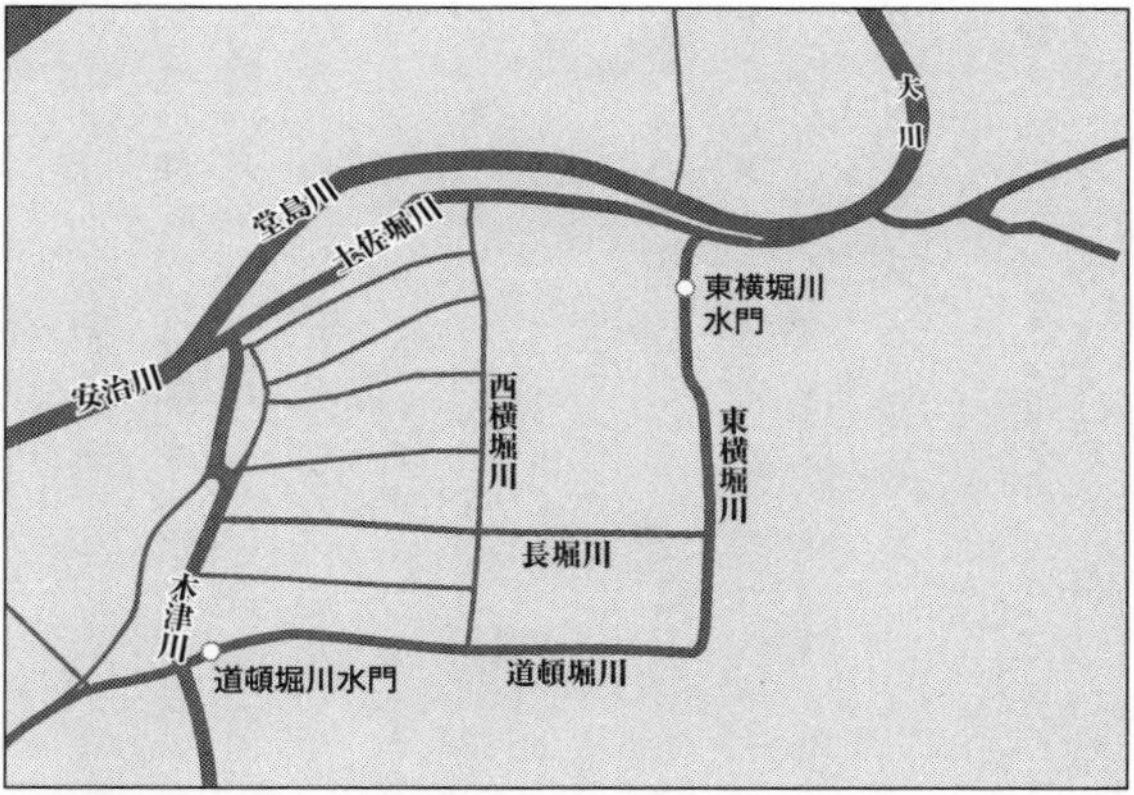

大阪市にあったおもな運河と現在の水門

タローをして「浪花《なにわ》のモーツァルト」と呼ぶ関西人のことなので、大阪のアルプスと聞いても、ゆるめにとらえるのがよい。

●自称「日本一低い山」ってどんなのがあるの?

「高くてだめなら、低さで勝負！　とりあえず日本一なら、それでええやん」と考えるのが大阪人。ただ、日本一になるのも楽ではない。そこには、日本一の低山を目指す人びとの涙ぐましい努力があった。

　大阪市港区の水族館、「海遊館」。その近隣にある公園の一角に、地域の名の由来となった天保山が位置する。江戸時代、安治川工事の土砂を積み上げたことで誕生。天保期にできたことから天保山と名づけられた。

天保山は地盤沈下などの影響で順調に低くなり、日本一の低さに落ち着くが、一時、国土地理院の地形図から消えるという事件があった。これは隣接する阪神高速道路湾岸線が天保山に重なるので表記できず、やむなく消してしまったのだ。すると、天保山の名を復活させるため、地元の有志が働きかけ、国土地理院は1996年にその名を改めて表記。低山の名誉が守られた。

天保山は現在、4・53メートルの低山だが、ほかにも「日本一」を自称するライバルがいる。一つが堺市の蘇鉄山《そてつやま》だ。6・97メートルで、天保山より少し高いが、一等三角点のある山としての日本一を掲げる。さらには、0メートルの山もある。これは、秋田県の大潟富士《おおがたふじ》で、八郎潟《はちろうがた》干拓地のなかにある「海よりも低い山」だ。高さが3・776メートルで、頂上がちょうど海抜ゼロメートルとなっている、「日本一低い山」とある。さらに、日本一低い山は仙台市の日和山で標高3メートルと報道された。どうなる天保山。

●大阪のディープな名所はミニ・パナマ運河!?

パナマ運河といえば、大西洋と太平洋を結ぶ全長80キロメートルの巨大な運河。標高26メートルの場所につくられた人造湖ガトゥン湖まで水位を上げ、船舶を通過させる閘門《こうもん》で知られる。対して、スケールはうんとコンパクトだが大阪にも、船舶を通過させるための閘門を擁するスポットがある。

水の都と呼ばれていた、かつての大坂には浪華八百八橋《なにわはっぴゃくやばし》と称されるほど多数の堀が存在した。堀は縦横無尽に広がり、「天下の台所」を支えるべく大坂の物流の動脈として以後３００年以上、利用されてきた。しかし、近代化の波のなかで堀は次つぎと埋められ、１５８５年に大坂城の築城と同時に城の西側に掘られた東横堀川《ひがしよこぼりがわ》と、１６１５年に掘られた道頓堀川のみ残された。これらの堀は工場排水や生活排水による汚染により水質が悪化。２０００年、水の都としての大阪を再生しようという機運が高まり、二つの堀のために高麗橋付近に東横堀川《ひがしよこぼりがわ》水門、道頓堀川と木津川が交差する辺りに道頓堀川水門が築かれた（63ページに地図）。大雨や高潮から町を守るほかにも、水位の高低差がある場所で船舶を通過させるために水をせき止める閘門の役目もある。これが、大阪のミニ・パナマ運河だ。

現在、東横堀川の水門の開閉を体験するクルーズのコースがあり、前方と後方に水門が現れ、水位を調整する仕組み（動き）を水面から見ることができる。本家のパナマ運河に比べるとコンパクトだが、実際に体験すると迫力があると、密かな人気だ。

●JR天王寺駅が利用している水の秘密とは?

大阪市南部のターミナル駅JR天王寺駅ではホームの屋根に水をまき、ホームの気温を下げる取り組みを行なっている。散水方法や屋根の素材や形などを検討し、約2℃の気温低下に成功しているという。ここで注目したいのは、利用されているミストの水源だ。

ところで、この天王寺駅の男性トイレに入ると、ある注意書きが目にとまる。

「小便器には、駅地下に排出される湧き水を利用しております。常時流水しておりますが、故障ではございません」

つまり、このトイレの便器の水は流れっぱなし。その理由は故障ではなく湧き水を利用しているからだという。

JR天王寺駅は1889年、四天王寺など寺社群が集まり、発展しつつあった天王寺村の南に建てられた。その際、駅の掘削工事の際に地下水が湧き出した。この湧き水が今もトイレの洗浄水などに利用されているのだ。

JR天王寺駅がある上町台地の地下には生駒山から続く伏流水が流れ、そこを水源とする良質な井戸水が存在した。なかでも、金龍《きんりゅう》、有栖《ありす》、増井《ますい》、安井《やすい》、玉手《たまで》、亀井《かめい》、逢坂《おうさか》の七つの井戸が「天王寺七名水」とし、その名水は人びとに親しまれていた。現在は金龍と亀井の水以外は枯渇。しかし、天王寺には七名水のほかにも水源があり、現役の井戸が存在する。ＪＲ天王寺駅の湧き水も生駒山からの伏流水だとすれば、ミストで使われている水は、「天王寺七名水」と同じレベルの名水の恩恵にあずかっていることになる。

●淀川は流れ始めてまだ100年？

琵琶湖《びわこ》を水源とし、日々の恵みである淀川は大阪人にとってはソウルリバーというべき存在。そのたおやかな水面を見ると、多くの人は大自然の摂理によって生まれた、古来の河川と思うだろう。しかし、実際は淀川の歴史は極めて浅い。

じつは、かつての淀川は、たっぷりの川幅をもって北区と淀川区を流れる現在の淀川とは別の流れをもっていた。それは、現在の都島区の毛馬《けま》閘門から南へ流れ、大川、堂島川、安治川を通って大阪港に流れていたのだ。

昨今、淀川氾濫の危惧を耳にすることはないが、旧淀川は頻繁に洪水となり、大阪平野は水害に見舞われた。なかでも１８８５年の大洪水は被害が甚大だった。洪水によって堤防が次つぎと決壊。約27万人が被災、八百八橋とうたわれた大阪の橋が多数流失し、市内の交通のほぼすべてが寸断されたという。

その前年の日清戦争の勃発、さらに多額の費用が必要であることから改修工事はなかなかなされず、洪水から10年後、ようやく洪水対策が本格化し、淀川改良工事が始まった。まず、川のルートを市の中心部の北側に移動させ、守口《もりぐち》から大阪湾まで、約16キロメートルの放水路を築く大工事が行なわれた。さらに、川幅を大きく拡げ、大量の水が直線的にすばやく海に流れるように配慮した。

こうして1909年に現在の淀川が完成。大阪の街の中心部は洪水による被害が起こりにくくなり、悠久の流れを感じさせる淀川となったのだ。

●あべのハルカスはどうして300メートルになったの?

大阪、天王寺に位置する高さ300メートルのあべのハルカスは、2023年、麻布台ヒルズに抜かれるまで日本一高いビルだった。いっぽう、梅田にはグランフロント大阪や中之島の関電ビルディング、中之島フェスティバルタワー、ハービスOSAKAなどの高層ビルが存在するが、どれも200メートル未満。その理由は飛行機の航行安全や潤滑な運送事業を目的とする航空法が関係している。航空法によると、飛行機が旋回するとき、あるいは離着陸のときの安全を確保するため、空港周辺では高さ制限が設けられている。空港に近い位置ほど、高いビルを建てることはできない。

伊丹空港を起点に航空法に従うと、大阪市内のほとんどの建物は航空法の高さ制限にひっかかる。しかし、あべのハルカスは空港から約17キロメートル離れ、位置的にはセーフゾーンではあった。だが、あべのハルカスはこんもり盛り上がった上町台地の上に建てられている。その標高ゆえに、290メートルまでしか許可が出なかったのだ。関係者が諦めようとしたとき吉報が届く。

航空法が航空制限を緩和し、規制エリアを変更、天王寺・阿倍野エリアはその対象範囲外となったのだ。2007年、ちょうど、あべのハルカスが計画中のことだった。

●梅田はかつて町ではなく沼地だった?

大阪の北の玄関であり、鉄道各線やバス路線が集中するターミナル機能と、百貨店やホテル、そして繁華街という都市機能を備える梅田。「梅」という縁起がよく華やかな文字が使われていることから、昔からにぎやかな町として栄えていたと多くの人は思うだろう。しかし、梅田の歴史は、今のようにけっして明るくはなかった。

かつての梅田は「梅」の字ではなく、「埋田」と表記されていたという。江戸時代まで、この地は沼地を埋め立てた地域で、けっして人びとが集うような町ではなかったのだ。そうした印象を表向きでもよくしようと思ったのか、「埋」の字ではなく

「梅」の字が使われるようになった。それでも梅田の黒歴史は続く。近世の大坂城下町を探ることができる1648~1658年に制作された『大坂三郷町絵図《おおさかさんごうまちえず》』という肉筆の大坂図によると、梅田の位置には「墓」と記されている。1845年に制作された『弘化改正大坂細見図《こうかかいせいおおさかさいけんず》』にも「梅田墓」と記載され、辛気くさい地域だったことが見てとれるのだ。

状況が一変したきっかけは、大阪—神戸間の鉄道開通に伴う1874年の「梅田すてんしょ」の開業だ。当初は、栄えていた堂島付近が駅の第一候補となった。しかし、「汽車が火の粉をまき散らし、危険だ」と地元の反対に遭い、頓挫。そこで、町はずれとなる梅田の地が駅の場所として選ばれた。これが、のちの梅田の発展の起爆剤となり、華やかな大都会として変貌を遂げることができたのだ。

●川がないのに「橋」がつく交差点　そこにはかつて川があった？

大阪駅から少し西に行くと、国道2号線上の「桜橋」交差点に出る。さらに進めば「出入橋《でいりばし》」、次に「浄正橋」と交差点は続く。1本の道筋に橋と名のつく交差点が並ぶのには、わけがあった。

昔ここには「蜆川《しじみがわ》」と呼ばれる川が流れていた。別名で曽根崎川《そねざきがわ》や梅田川とも呼ばれた。堂島川の支流として、大阪高等裁判所の辺りから、川の北側へ西方向へ弧を描くようにして流れ、船津橋付近でふたたび堂島川と合流した。江戸時代には東から難波小橋、蜆橋、曽根崎橋、桜橋、助成橋、緑橋、梅田橋、浄正橋、汐津《しおづ》橋、堂島小橋と、10の小橋が架けられ親しまれていた。

1685年、商人であり治水の専門家でもある河村瑞賢《かわむらずいけん》が、幕府の命で改修工事に入った。水流が少なく、干上がってしまう堂島川と蜆川の治水を行なったのだ。そして川を深く掘り下げた浚渫土《しゅんせつど》を使って、堂島を宅地化している。整備された堂島は、新地や茶屋が並ぶ繁華街として発展していった。蜆川は近松門左衛門の『曾根崎心中』『心中天網島《てんのあみじま》』の舞台として一躍有名にもなった。

しかし、1909年に起こった「北の大火」で、蜆川の運命は一変する。北区空心町で出火した火が、強風で西へ燃え広がった。消火活動も追いつかず、火は一昼夜燃え続け、被害は消失戸数が1万戸を超える甚大なものだった。蜆川は、焼け跡から出る大量の瓦礫《がれき》の捨て場にされた。そして1924年には川のすべてが埋め立てられ、消えてしまったのだ。

●かつての淀川河口は島だらけだった？

歌島《うたじま》、竹島《たきじま》、出来島《できじま》、中島、西島、姫島、百島《ひゃくしま》、御幣島《みてじま》……。大阪市の南西の角、神崎川と淀川に挟まれ、大阪湾に顔をのぞかせる大阪市西淀川区には島を冠する地名が多い。

「～島」と名づけられたこれらの地は、淀川の河口付近に点在しているのだが、古代は実際に島として存在していたという。それらの島はあわせて難波八十島《なにわやそじま》と呼ばれていた。

日本列島が形成されて間もない太古の頃のこと。今の大阪市の多くは海の底であり、海水が深く入り込んでいた。そこに、淀川、大和川、武庫川《むこがわ》などの川が運んできた土砂が、河口に堆積する。それがじょじょに洲《す》となり、難波八十島という群島となった。町名変更などによりなくなったが、先の島に加え、酉島《とりじま》、外島《そとじま》、南島《みなみじま》、加島《かしま》という島じまも辺りに存在し、難波八十島に数えられた。

また、淀川河口の島じま、難波八十島では古代、天皇が即位した際、「八十島祭」という神事が行なわれていた。難波八十島を、イザナギとイザナミの二神が産んだ日本の国土、大八洲《おおやしま》に見立て、その島じまの神霊を招き、天皇に遷《かえ》すという儀礼だ。神代の時代から続いていた、この幻の神事「八十島祭」は、天皇の即位儀礼の一環として平安時代から鎌倉時代まで行なわれたという。

淀川河口に浮かんでいた多数の島じまは、その祭礼場として重要な役目を果たす神聖な場所だった。近代工業施設が集中し一大工業地帯となった西淀川区だが、その地名には、神秘的な古代の響きが今も残されている。

●上町台地から太陽を崇拝する日想観《にっそうかん》という信仰があった

午後5時半を過ぎた頃、夕日が門の間からじょじょに水平線に沈んでいく。境内から手をあわせ、般若心経《はんにゃしんぎょう》を唱えながら西のかなたに沈みゆく夕日を眺める。大阪の四天王寺にて、春分・秋分の日の午後5時20分から行なわれる「日想観」という行事での場面だ。

日想観とは、西方に向かい、沈む夕日を観《み》ながら極楽浄土を想う仏教の修行の一つ。平安時代、空海《くうかい》が四天王寺の夕日を見て修行を始めたことが日想観の由来とされている。中世以降、浄土信仰の行事の一つとして皇族・貴族、庶民にも広がった。『観無《かんむ》量寿経《りょうじゅきょう》』は極楽浄土に行くための経典だが、そこで最初に説かれているのが日想観であり、四天王寺はその修行の中心地としてにぎわった。

四天王寺は6世紀、聖徳太子が建立したと伝えられる寺院。当時、大阪は難波津と呼ばれ、上町台地に建てられた四天王寺の門前には海が迫っていた。視界を遮る建物や森林もなく眼下には大海原が広がり、六甲山系と淡路島にはさまれた水平線に夕日が沈む。夕日を眺める、四天王寺の西門となる石鳥居《いしとりい》は古来、極楽の東門にあたると信じられてきたという。その美しさがもたらす至高の宗教体験に人びとは打ち震えたのだろう。

しばらく廃《すた》れていた日想観だが、2001年から行事が復興。春分・秋分の日の午後5時20分から、空海や法然《ほうねん》上人が修行したとされる極楽門辺りで行なわれる。多くの人びとが僧侶とともに夕日を眺め、西のかなたの彼岸に思いをはせるのだという。

●住吉大社の門前には一寸法師も使ったラグーンがあった？

一寸法師が大阪出身だということをご存じだろうか？　室町時代から江戸時代初期に成立したこの物語は『御伽草子《おとぎぞうし》』の一つ。「津の国難波《くになにわ》の里」のおじいさんとおばあさんが祈願すると一寸（約3センチメートル）の子供を授かった。子供は「住吉《すみのえ》の浦《うら》」を出発して京の都に上り、鬼退治ののちに打ち出の小づちを手に入れる、というのがあらすじ。

この「津の国」とは現在の大阪と兵庫の一部を指す摂津国であり、「難波」とは大阪のこと。つまり、一寸法師は大阪生まれなのだ。さらに、おじいさんとおばあさんが祈願したのは住吉大社であり、出発点として物語に記される「住吉の浦」は住吉大社前に広がる海岸を意味する。だが、現在の住吉大社の周囲は陸地であり、旅立てるような海岸はない。

当時の住吉大社は半島のように海に浮かぶ上町台地の上にあり、門前には潟《かた》、つまりラグーンが存在していたのだ。また、『万葉集』には、「住吉の　粉浜《こはま》のしじみ　開《あ》けも見ず　隠《こも》りてのみや　恋ひ渡りなむ」という歌がある。ここで歌われる「しじみ」が淡水と海水が混じる汽水に棲《す》むしじみと考えるなら、「住吉の粉浜」はラグーンということになる。

また、ラグーンの一角には「住吉津」という良港が存在したことが『古事記』『日本書紀』『万葉集』に記されている。住吉大社の前、南北に延びるラグーンと東から流れる細井川が交差する場所だが、一寸法師も、この「住吉津」から、大阪湾を北上、淀川経由で京の都へ上ったということになる。

●住吉大社の南には住吉津のほかにもう一つ船着き場があった？

大阪の南部に位置する住吉大社は交通安全、厄除け、安産、商売繁盛などの御利益により、「すみよっさん」として地元の人びとに親しまれた神社。古代には遣隋使・遣唐使が出発する際の祈願や、渡来人の船の受け入れなど、渡航と外交の神として崇拝されてきた。その港となったのが「住吉津」だった。当時は大阪湾が内陸にも広がり、住吉の地は海上交通の要衝として位置づけられ、5世紀末に人工水路「難波堀江」が開掘《かいくつ》されるまで、「住吉津」は日本の玄関口だったのだ。

　住吉大社の歴史を伝える『住吉大社神代記』には「住吉津」に加え、住吉大社の南には「朴津水門《えのつのみなと》」という船着き場があったことを示す記録があった。「水門《みなと》」は「紀伊水門」、「武庫《むこ》水門」と同様、河口の船着き場を指す。それが具体的にどこに位置するのかは、定かではない。『住吉大社神代記』が示すように住吉大社の南の側となれば、細井川、狭間川《はざまがわ》、石津川などの川の存在が浮上するが、日本歴史・地理学の先達であり明治期に『大日本地名辞書』を著した吉田東伍《とうご》は遠里小野《おりおの》付近の大和川の流れる辺りに「朴津水門」が存在したと考えた。実際、この地域では飛鳥《あすか》時代の遺跡が発掘され、港の管理に関わる施設ではないかといわれている。ただ、300年前の大和川のつけ替えによって遠里小野付近の様相は激変している。古代の「朴津水門」の姿とその環境をイメージするのは難しいが、北の「住吉津」とあわせ、沿岸一帯には多くの漁船や外航船が行き交ったと思われる。

●大阪市と守口市の境界線は、なんでそんなに複雑なの？

国境や都道府県境など、通常、地域の境界線は海岸線や河川、あるいは山など地形に準じることが多い。そうでなければ、道路や町並みに従って理路整然ときれいに区画を割るのが順当だろう。しかし、実際に地図を眺めていると、どうも不自然に、複雑に区切られた境界線に出くわすことがある。

大阪でいえば、大阪市旭区と守口市の境界線がそうだ。両地域とも淀川に接する平野部なので、山や渓谷など、地形的な要素による支障はない。にもかかわらず、住宅街の真上を、境界線が投げやりな落書きのように蛇行しているのだ。ズームアップしてみると、住宅など建物の一軒一軒の間を境界線が通り、乱暴に旭区と守口市に分けている。

現地を訪問すると、植え込みやアスファルトの様相が両地域によって異なり、それぞれの市の個性が見てとれる。しかし、なぜ、このような境界線が引かれたのか？

この境界線は、かつて町のなかを複雑に蛇行していた旧淀川の跡だ。旧淀川は氾濫が多く、１８８５年に起こった大洪水を受け、つけ替えられて消えた川だ。１８９４年に工事計画が提出され、治水工事が行なわれた。明治時代に竣工したこのつけ替え工事により、新しい淀川は直線的なルートで都心の北を大阪湾に流れるようになった。

濃いグレーのところが松原市、薄いグレーが大阪市

改良工事ののち、大阪市と守口市の境界線は埋められることとなった。しかし、旭区と守口市の境界線はそのままとなり、現在のようなギザギザの境界線になったというわけだ。

●松原市《まつばらし》に大阪市が刺さる細すぎる境界線の謎

松原市は大阪市の南隣に位置する。大和川近くの市境を地図で確認すると、松原市を刺すような奇妙な「針」が見える。これは大阪市住吉区の細長い領域で600メートルほど続く。何らかの利害関係では？　とも考えてしまうが、この針はほぼ道路なのだ。

この細すぎる境界線の謎、それは大和

川のつけ替えがきっかけだった。奈良から西に流れる大和川だが、かつては柏原市《かしわらし》付近、松原市の手前で北上し、現在の東大阪市に流れて淀川に注いでいた。東大阪市周辺がたびたび洪水に見舞われることから1704年、大和川は直接、大坂港へ注ぐようにつけ替えられたのだ。

「針」の近辺にあった矢田村《やたむら》は1955年に大阪市に編入されたが、大和川の南側に地域の氏神である阿麻美許曽《あまみこそ》神社があり、大阪市側となる川の北側には氏子が大勢いた。そうしたことから、阿麻美許曽神社も大阪市に編入されたのだ。しかし、困ったことに、参道だけ「針」のように松原市側に残された。そこで、針の部分もあわせて大阪市に編入することで収拾がついた。さらに、もう一つ、理由がある。参道となる600メートルの「針」の道は天王寺と高野山を結ぶ参詣路、下高野街道の一部でもあった。江戸時代、街道の整備は村にとって非常に重要だった。矢田村にとって長く整備してきたこの街道を手放すことができなかったという。そうした事情もあって「針」のような領域が松原市に刺さったまま残ることになったのだ。

●行基《ぎょうき》が整備した巨大な池とは？

行基は私度僧《しどそう》でありながら民衆から絶大な支持を得、一時は朝廷から弾圧を受けながらも聖武《しょうむ》天皇の帰依《きえ》を受け、行基菩薩とうやまわれた奈良時代の僧。行基の偉業のなかで最も知られるものといえば、何といっても743年の東大寺盧舎那仏像《るしゃなぶつぞう》の造立《ぞうりゅう》だろう。莫大な費用を調達し、大勢の人夫をまとめあげた。この公共事業を成し遂げるのは、行基以外に考えられないと聖武天皇が判断し、一任したとされる。その2年後に大僧正《だいそうじょう》に任ぜられた行基は僧官の頂点に立つ。さらに、彼の偉業は寺院や道場の開設、河川や架橋、ため池など土木工事にもおよんでいた。

『古事記』や『日本書紀』に築造記事が見られ、今も灌漑《かんがい》用水池として使用されている狭山《さやま》池は今から1400年前につくられた日本最古のダム形式のため池。その後、この狭山池の改修にも行基は携わっている。現在の大阪狭山市、堺市、松原市、羽曳野《はびきの》市、大阪市などにわたる広大な範囲を潤し、南北960メートル、東西560メートルという湖なみの広さ、そして15・4メートル高の堤防。1400年前に築かれたとは思えないスケールだ。

行基は当時の最新技術を駆使し、大改修に取り掛かったという。また、池のほとりに狭山池院・狭山池尼院を建てた。行基が弟子を率いて土木工事に携わる様子を見ると、多くの人びとが工事に協力したと『続日本紀《しょくにほんぎ》』にある。その後も改修は行なわれるが、狭山池＝行基という図式ができたのは、人をひきつける彼の人柄によるところが大きいのだろう。

●昆布が採《と》れない大阪で昆布が特産品となった理由とは

大阪で採れるわけではないのにもかかわらず、昆布は大阪の名物となっている。かつて大阪湾には豊かな昆布の漁場があったのか？

昆布が育つには、適した水温、豊富な養分が必要なので無理だ。じつは、昆布そのものは北海道の「特産物」。それがどうして大阪の「特産品」となったのか。そこには江戸時代の海運事情が大きく関わっている。

中世の頃、昆布は京都の宮廷・貴族の特権階級だけに限られた贅沢《ぜいたく》品だった。昆布船は敦賀《つるが》や若狭《わかさ》に着き、昆布は陸路で京の町に届けられていた。1672年、豪商・河村瑞賢が、北海道、日本海、下関、瀬戸内海、大坂を結ぶ「西廻《にしまわ》り航路」を開発する。「北前船《きたまえぶね》」と呼ばれる荷船《にぶね》に載せ、松前、江差《えさし》、箱館《はこだて》の港から西廻り航路で木津川にある船着場に届けたのが昆布だったのだ。

昆布と大坂人は相性がよく、職人たちは腕によりをかけ昆布に付加価値を与えた。昆布の表面を帯状に削る「おぼろ昆布」、糸状に薄く削る「とろろ昆布」、砂糖や醤油で煮込んだ「塩ふき昆布」などを開発。さらに、堺の刃物を使って繊細な細工を施した細工昆布は大坂の独壇場になった。

こうした昆布文化が関西の食文化に与えた影響は大きい。関西の水は昆布の旨《うま》みを引き出す特長があり、薄口の醤油とともに用いられた。関西には寺院が多いことから、精進料理にも最適。うどんの出汁《だし》が関東は鰹《かつお》ベースであるのに対し、関西が昆布ベースになっているのも、この海運事情の影響なのだ。

●「空堀《からほり》商店街」の名は秀吉が築いた惣構堀《そうがまえぼり》のなごり？

大阪「空堀商店街」は戦前の雰囲気を残す庶民的な商店街。近年は町屋を地元建築家らが改装した雑貨ショップや飲食店が続ぞくとオープンし、若者の人気スポットとして知られる。大阪市中央区南東部に位置し、松屋町筋から谷町筋、上町筋まで、東西約800メートルもの長さであり、ちょうど上町台地を上り切る道筋だ。

その名は大坂城の堀に由来する。この地は豊臣秀吉が築いた大坂城の外堀に位置し、南惣構堀がつくられた場所だった。ほかの内堀や外堀には水がためられていたが、上町台地の上につくられた南惣構堀まで水を引くことができなかった。つまり、水のない堀ゆえ「空堀」と呼ばれたのだ。

そもそも、秀吉の頃の大坂城の敷地は現在の4〜5倍の規模であり、南惣構堀はその最前線の堀としてつくられた。ただ、南惣構堀は幅30～40メートル、深さ10メートル、さらに城側には高さ10メートルもの土塁《どるい》を築いた強力な堀で、大坂冬の陣では徳川軍をさんざん悩ませた。その大坂冬の陣の後に徳川軍によって西堀、東堀などと同様に埋められてしまったため、その正確な位置は定かではない。

また、「空堀」という名は豊臣の時代、江戸時代には見当たらず、この町は「生駒《いこま》丁《ちょう》」と呼ばれていた。1806年の地図に生駒丁の通称名として「カラホリ」と記されており、「空堀」の地名が浸透するのはそれ以降。地元の人たちはカラホリとしてこの地で暮らしてきたのだ。

【愛知県】

●バンテリンドームナゴヤ53個分の人工島が名古屋港につくられたワケ

名古屋港を地図で見ると、港の玄関口に、ホームベース型の島が描かれている。じつは、この島は、「ポートアイランド」と呼ばれる人工島だ。面積約257万平方メートル、バンテリンドームナゴヤ53個分に相当する巨大な島だが、公式には「陸」ではなく「海」として扱われている。

ポートアイランドがつくられた理由は、名古屋港付近の地形に関係している。この辺りには、庄内川《しょうないがわ》や木曽川《きそがわ》、天白川など、複数の河川が注いでいる。つまり、河川からつねに大量の土砂が流れ込んでいることになる。

だが、港に土砂が堆積すると、船が安全に航行できなくなってしまう。したがって、定期的にたまった土砂を取り除く工事が必要になる。問題は取り除いた土砂の置き場だ。

1975年、取り除いた土砂によるポートアイランドの埋め立てが始まる。以来、ポートアイランドは、40年以上にわたって土砂の処分場として利用されているのだ。

近年では、年間100万平方メートル以上の土砂がポートアイランドに捨てられ、当初計画していた処分容量を超えていることが問題になっている。容量を超えた土砂は「仮置き」として積まれ、その高さは4階建てビルに相当。これ以上の「仮置き」は難しい。

だが、島を整地するには、仮置きした土を撤去しなければならない。また、水分を多く含んだ土壌は地盤がゆるく、そのままでは使えない。名古屋港の土砂でできた「夢の島」は、名古屋港の悩みのタネでもあるのだ。

●名古屋城のお堀を電車が走っていたってホント!?

名古屋城の外堀に架かる大津橋《おおつばし》の南側に、古い階段がある。この階段は、愛知県瀬戸市と名古屋市を結ぶ「名鉄瀬戸線」の旧大津町駅《おおつまちえき》にあったもの。驚くことに、かつて名古屋城の外堀を電車が走っていたという。

「瀬戸電」の愛称で親しまれる名鉄瀬戸線の現在の終点は繁華街にある栄町駅《さかえまちえき》だが、１９７６年までは旧堀川駅が終点だった。瀬戸電（当時は瀬戸自動鉄道）が開業した明治末期、瀬戸の焼きものを列車で運び、船に積み替えるには、当時の水運のターミナルだった堀川を終点にする必要があったからだ。

その旧堀川駅から旧土居下駅までの２・３キロメートル区間が、名古屋城の外堀にあたり、そこを走る瀬戸電は「お堀電車」と呼ばれた。外堀に線路を敷いた理由は、用地買収をしなくて済んだからだといわれている。

しかし、外堀の地形にあわせた線路ゆえ、運転士泣かせの難所もあった。外堀の南東角の急カーブは、曲線半径がたったの60メートルしかなく、ほぼ直角に曲がらなければならなかったという。また、外堀を渡る本町橋の下の狭いトンネルには、二つの線路が重なり単線になるという特殊な線路が使われた。

そうして１９１１年の開通から65年間、外堀を走り続けたお堀電車も、堀川の水運

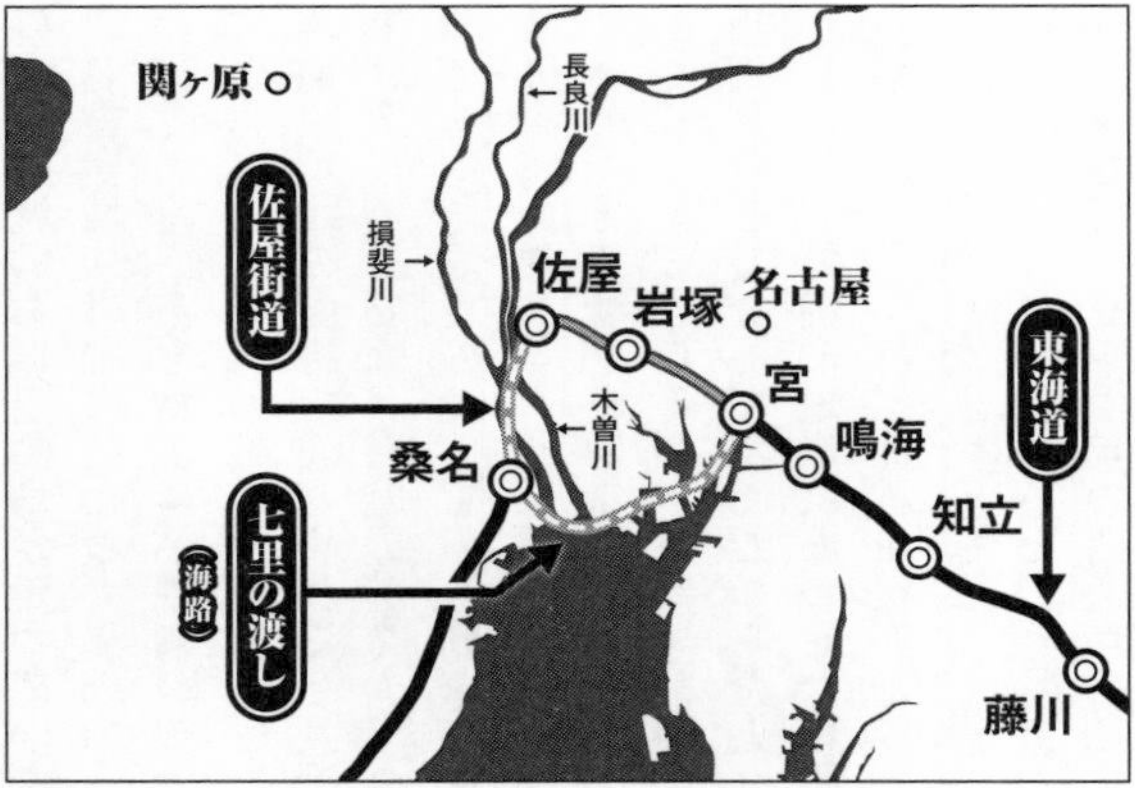

が廃れ、終点が栄町駅に移されるとともに廃線になった。だが、現在も、名古屋城の東から南側にかけての外堀には、旧大津町駅の階段や本町橋の狭いトンネルの煉瓦《れんが》アーチなどが残り、お堀電車の面影を伝えている。

●東海道に旅人泣かせの「海の道」があったってホント?

「東海道」と聞くと、三度笠をかぶった旅人の歩く姿が思い浮かぶ。つまり、陸路をイメージするが、41番目の宿場町、宮宿《みやしゅく》（名古屋市熱田区）から次の桑名宿《くわなしゅく》（三重県）までは「七里《しちり》の渡《わた》し」と呼ばれる海上路だった。

古くから東西交通の幹線道路だった東海道は、1601年に、江戸幕府によって本格的に整備された。その際、関ヶ原を経由するルートから桑名を経由するルートに変更されたのだが、桑名へ向かうには木曽川、長良川《ながらがわ》、揖斐川《いびがわ》という三つの大河を越える必要があった。それなら「海の上を渡ったほうがカンタン」と、海上路が制定されたのだ。

こうして「七里の渡し」が誕生。船着場のある宮宿、桑名宿は旅人たちでにぎわい、旅籠《はたご》の数は、東海道中、ナンバー1とナンバー2を誇るまでになった。

だが、「七里の渡し」の船旅は不評だった。名前のとおり、7里（27キロメートル）ある航路を渡し舟で渡ると約4時間。干潮時には、沖廻り航路が約10里になり、さらに長丁場となる。旅人は皆、船に酔い、江戸から京へ出向いた三代将軍・徳川家光も「船酔いはこりごり」と、帰りは別の道を通ったという。このとき家光が通った別ルートは、1666年に「佐屋街道《さやかいどう》」として制定され、海上を避ける迂回路《うかいろ》となった。

東海道唯一の海の道は、旅人泣かせの道だった。現在、その大半は埋め立てられてしまったが、宮宿の船着場があった場所は「宮の渡し公園」として整備されている。

●熱田区に残された「三途《さんず》の川の橋」の秘密

名古屋市熱田区には、三途の川岸で死者の衣をはぎ取る「奪衣婆《だつえば》」を祀《まつ》った「姥堂《うばどう》」がある。そして、その入り口には閻魔《えんま》大王が「死者を裁断する場」にちなんで名づけられた「裁断橋」が架けられている。

しかし、現在、裁断橋の下に川は流れていない。何でも大正時代までは「精進川」という川が流れ、その川を三途の川に見立てて裁断橋が架けられていたそうだ。なぜ、精進川は消え、裁断橋だけが残っているのか？

名古屋市東部に源を発する精進川は、川筋が曲がりくねっていたせいで、氾濫をくり返す暴れ川だった。そこで、明治後期に現在の川筋に変えられ、名称も「新堀川」に変更された。その後、大正時代に、もとの精進川が埋め立てられ、裁断橋も撤去されたのだが、1953年、姥堂境内に縮小して復元されたのだ。つまり、現在の裁断橋は、精進川に架かっていた裁断橋のレプリカというわけだ。

この「裁断橋」が大切にされてきた背景には、ある母親の存在がある。戦国時代、小田原の戦いに参加した若き武士・堀尾金助《ほりおきんすけ》が陣中で亡くなってしまう。出征の際に裁断橋まで見送った母親は、供養のために橋の架け替えを行なったという。裁断橋の擬宝珠《ぎぼし》の一つには、母親が亡き息子をしのんで書いたとされる和文の銘が刻まれているそうだ。

現在、裁断橋の擬宝珠は、名古屋市の文化財に指定され、名古屋市博物館に所蔵されている。川が消滅しても、わが子への母の想いは時代を超えて語り継がれていくだろう。

●名古屋駅は琵琶湖の6倍もある巨大湖の底にあった!

名古屋駅周辺は2027年のリニア新幹線開通に向け、超高層ビルの建設ラッシュに沸いている。半世紀にわたって地元のランドマークとして親しまれてきた「大名古屋ビルヂング」も、2016年に高さ174メートルの超高層ビルへとリニューアルされた。そんな大都会の姿からは想像もできないが、かつてこの辺りは巨大な湖の底だったという。

さかのぼること約650万年前、現在の知多半島周辺が沈降し、「東海湖」という湖が誕生した。東海湖は沈降が進むにつれて大きくなり、約300万年前には、日本一の湖・琵琶湖の約6倍の大きさがあったという。その後、土地が隆起するに従い、北西部へ移動しながら縮小。約100万年前に干上がって消失した。

この東海湖に堆積した地層は「東海層群」と呼ばれ、この東海層群の上に「海部《あま》・弥富累《やとみるい》層」「熱田層」「沖積層」が順番に重なり、現在の名古屋の地形が形成されている。名古屋駅周辺は、巨大な湖の跡地に堆積した、沖積層の上にあるというわけだ。

ちなみに沖積層は水分を多く含んだやわらかい砂や泥の層のため、地盤がゆるい。

となると「その上に建てられた高層ビルは地震が起きたら激しく揺れるのでは？」と心配になるかもしれないが、ご安心を。大名古屋ビルヂングをはじめとする超高層ビルは、沖積層を貫き、固い地盤に達するまで支持杭を打ち込んでいるため、地震の揺れに強い。

●名古屋市南区はかつて塩づくりのさかんな干潟《ひがた》だった！

名古屋市南区一帯は、かつて「あゆち潟」と呼ばれる広大な海の干潟だった。その証《あか》しに、海に面していないのに「浜田町」「貝塚町」「大磯通」など海にまつわる地名が多い。さらにいえば「塩屋町」「元塩町」といった地名も見られる。それらが示すとおり、塩の一大産地でもあったのだ。

なかでも、現在の星崎町近辺にあった、山崎、戸部《とべ》、本地《ほんじ》、牛毛《うしげ》、荒井、南野《みなみの》、笠寺《かさでら》の七つの村は、江戸時代には「星崎七カ村」と呼ばれ、塩どころとして知られていた。約100ヘクタールもの塩田で塩づくりがさかんに行なわれていたという。

星崎七カ村でとれる良質な焼塩は、「前浜塩」というブランド名で、塩交易の終着地、信州の塩尻まで運ばれた。海のない内陸に暮らす人びとにとって、前浜塩は貴重なお宝だったに違いない。

だが、江戸後期には瀬戸内海の塩に販路を奪われ、塩づくりは細ぼそと行なわれるのみになった。さらに干拓により干潟は農業地となり、塩田は田園に姿を変えてしまう。今ではその田園も見られなくなり、南区は名古屋の産業を支える工業地帯へと様変わりした。

塩どころとして栄えた往時の風情を残す場所はほぼないが、星崎町の北には「塩付通」という名の道が残されている。遠く信州まで塩を届けた道だ。馬の背に塩をつけて運んだことからそう呼ばれた街道筋には、道中の安全を祈った馬頭観音が祀《まつ》られ、地元の人びとによって大切に守られている。

●国内最大級の扇状地、犬山扇状地で起きた奇跡

名古屋都市圏が広がる濃尾平野。その北東縁には「犬山扇状地」が形成されている。山深い木曽の渓谷を流れてきた木曽川が、広大な濃尾平野に流れ出た場所にできた犬山扇状地は、半径約12キロメートルにもおよぶ国内最大級の扇状地だ。だが、大きさのほかにもう一つ、珍しい特徴をもつ。

一般的に、扇状地は水田に適さないとされている。なぜなら、上流から運ばれてきた石ころが多いせいで、川の水が地上を流れずに地下へ潜ってしまい、水不足になり

やすいからだ。ところが、犬山扇状地のちょうどまんなかに位置する江南市には、青あおとした田園風景が広がっている。

この江南市で見られる田園風景は、江戸時代にこの地に暮らしていた人びとの「ここを田んぼにしたい！」という強い想いが生んだ奇跡といえよう。松林だった扇状地に用水を引こうと努力を重ね、1610年に宮田《みやた》用水、1650年には木津《こっつ》用水を完成させ、稲作を可能にしてしまったのだ。

当時の人びとが、どうやって用水をつくったかというと、旧河道（過去に存在した川の流れの跡）のくぼ地を利用したという。近代的な堤防が築かれる前の木曽川は、濃尾平野に流れ出るといくつもの川に枝分かれしていたため、何筋もの旧河道があったのだ。

宮田用水、木津用水は、今では岐阜県の羽島《はしま》用水とともに濃尾用水と呼ばれている。そして、おいしい米をつくるために木曽川の水を送り続けているのだ。

●矢作川《やはぎがわ》がもたらした西三河地方の光と影

愛知県三河地方の西を流れる矢作川では、春から夏にかけて、竹で組んだヤナ場での鮎《あゆ》つかみが楽しめる。ただし、この川が人工の川であることはあまり知られていない。

正確にいえば、人工川は河口から12キロメートルほどさかのぼった地点まで。そこから分流する矢作古川《やはぎふるかわ》がもともとの本流だった。だが、地盤の弱い沖積《ちゅうせき》平野にあり、川幅も狭い古川の下流域は洪水の多発地帯だった。そこで江戸時代に放水路が切り開かれ、そちらが本流になったというわけだ。

このときの開削工事は地盤の固い洪積《こうせき》台地を掘る必要があった。そんなハードルの高い策がとられたのは、当時の油ヶ淵から米津町（西尾市）までが海の入り江だったからだ。分岐点から米津町までの約1キロメートルを切り開けば、三河湾に流すことができる。

また、工事を命じた徳川家康の「新しい矢作川の土砂によってできる干潟を利用して干拓農地を開発したい」という思わくもあったようだ。そのとおり、新しい川は河口部に大量の土砂を運び、干拓農地の開発は進んだ。

だが、もたらしたのはメリットだけではない。今度は土砂で埋まった入り江が洪水を起こした。堤防が築かれ、海から孤立した一帯は湖沼《こしょう》となる。これが現在の油ヶ淵だ。

海への出口を失った油ヶ淵は水はけが悪く水が汚れやすい。80年代には深刻な水質悪化に陥り、改善されつつある現在も浄化に取り組んでいる。よくも悪くも、新川の開削は西三河の地形に多大な影響を与えたのだ。

●常滑《とこなめ》市には世界最古の海水浴場があった!?

名古屋の空の玄関口、中部国際空港がある常滑市の大野町には「世界最古の海水浴場」、それもヌーディストビーチがあったという。確かに、1844年発行の『尾張《おわり》名所図会《めいしょずえ》』には、大野の浜辺に寝転んだり、海水に浸《つ》かったりする裸の男女が描かれている。

じつはこれ、海水浴ではなく、「潮湯治《しおとうじ》」と呼ばれる治療法の様子だとか。海水に浸かって病気を治すのだが、娯楽も兼ねていたようだ。鎌倉時代の歌人・鴨長明《かものちょうめい》も「生魚《なまいおみ》の　御あへもきよし　酒もよし　大野のゆあみ　日数かさねむ」（魚は新鮮で酒もうまい。大野に潮湯治に来て思いのほか長く滞在してしまった）と詠《うた》っている。

しかし、古くから知られていたとはいえ、「世界最古」はいいすぎだろう。約2500年前に中東の死海沿岸で行なわれていた「海洋療法」のほうがはるかに歴史は古い。

それにもかかわらず「世界最古」の冠がついたのは、鴨長明の歌に目をつけ、大野を観光名所にしようとした明治時代の豪商、平野助三郎の計らいによる。これに加えて、政治家であり医師でもあった後藤新平が自著『海水功用論』のなかで「木曾川、長良川と太平洋の合流地点である大野の海水は塩分が少なく潮湯治に最適」と述べたことで、大野には多くの人が訪れるようになった。

やがて潮湯治は、海水浴として各地の浜辺に広まったという。となると、世界最古ではないものの、日本の海水浴場のルーツは大野にあるといってもいいのかもしれない。

●現在価格で数十億円の費用がかかる石垣が岡崎にあるワケ

名古屋市内から車で1時間ほどの岡崎市旧額田《ぬかた》町の山あいでは、モザイクのようにきっちりと積みあげられた石垣の道が続く。「万里の長城」のミニ版を思わせるこの石垣は、異民族の侵入を防ぐためのものではなく、江戸時代後期に、イノシシから作物を守るために築かれた「猪垣《ししがき》」だ。重い年貢を課せられた農民たちにとって、田畑を荒らすイノシシは、異民族よりも脅威だった。

額田の猪垣は、全国でも類を見ないほど規模が大きい。総距離は、1805年と1832年の2回にわたって築かれた延長6112メートルの「万足平《まんぞくだいら》の猪垣」を含め、延べ五十数キロメートルにもおよぶ。『額田町史』によると、総工費は現代価格にして、何と数十億円だという。

そんな大工事を、年貢に苦しむ農民たちがやってのけた理由は、この辺りの地質にある。石垣が築かれた男川《おとがわ》流域は、急傾斜地の多い、珪質片麻岩《けいしつへんまがん》、黒雲母片麻岩《くろうんもへんまがん》地帯だ。したがって、地表や地中には、珪質・雲母片麻岩の石塊がごろごろしている。珪質・雲母片麻岩は「板状に割れやすい」という特徴をもち、積み上げるための石材に向いていた。つまり、ほかの地域から石材を買ったり運んだりする必要がなかったのだ。

地元で産出する石材を活かし、丁寧に積み上げられた石垣は、イノシシが突進してきてもびくともしない。見た目にも美しい。そうして２００年以上がたった今もなお現役で、田畑を守っているのだ。

●標高６５０メートルの旭高原に丸い石ころがあるのはなぜ?

愛知県豊田市にある標高６５０メートルの旭高原では、バーベキューや紅葉狩り、そり滑りなど、四季を通して山遊びを楽しむことができる。だが、不思議なことに、林道や崖の一部に、まるで河原にあるような丸い石ころが見られるのだ。ふつう、高原などの山地にある石はゴツゴツした角が残っている。なぜ、旭高原の石ころは丸いのだろうか？

石の岩質を調べてみると、花崗岩《かこうがん》以外に、濃飛流紋岩《のうひりゅうもんがん》が多く含まれていることがわかる。濃飛流紋岩は、岐阜県の飛騨川流域や木曽川流域に広く分布している火山岩の一種だ。ということは、はるか昔、それらの川の流れに乗って運ばれてきたと考えられる。

しかし、不思議なのは、ここが高原であるという点だ。川の水は低いところに流れるため、谷底であれば、石が運ばれてきてもおかしくない。だが、標高の高い場所に運ばれてくるのは不自然だろう。

じつは、これは「地形の逆転」と呼ばれる現象によって説明がつく。地形の逆転とは、侵食によって高地が低地になり、逆に、周囲の低地が高地として残ること。溶岩や厚い礫層《れきそう》など、侵食に強い層が低地を形成し、やわらかくて侵食に弱い層が高地を形成している場合に生じる地形現象の一つだ。

つまり、かつて旭高原の山地を形成していた花崗岩地帯は雨水の侵食によって低くなり、対して、谷底を形成していた丸い石ころの層（礫岩層《れきがんそう》）は山地として残った。どうやら、これが真相のようだ。

第二部

都道府県の地形の不思議

北から南まで長く延びる日本列島は多種多様な風土をもつ。北は寒冷な北海道、豪雪地帯の日本海側、小島の多い瀬戸内海、大きな火山が多い九州地方、それぞれの地域の特徴ごとに地形もバラエティに富んでいる。

【北海道】

●北海道・宗谷《そうや》丘陵のモコモコ地形は氷河時代のなごり!?

日本最北端の宗谷岬（北海道稚内市）周辺に広がる「宗谷丘陵」は、肉眼で「周氷《しゅうひょう》河地形《がちけい》」を見ることができる数少ない場所だ。周氷河地形とは、波打つように起伏した、なだらかな丘陵性の地形のこと。地表には入り組んだ谷が葉脈のように延びている。

モコモコと波打つ広大な草地に、発電用の大型風車が並び、夏になると黒牛が放牧される。そんな宗谷丘陵の風景は日本離れしていて、外国の牧場にでも来たかのようだ。

宗谷丘陵の周氷河地形ができたのは、今から約1万年前に終わったウルム氷河期末期。傾斜地の地表が凍結と融解をくり返すうち、土壌のなかで水の流れが起きる。これにより、斜面の上の土がえぐり取られて下の谷に積み重なり、なだらかな丘陵とスプーン状の浅い谷がつくられた。やがて雨水が土砂を削りながら流れることで、谷がV字形に刻まれ、現在のような、なだらかな稜線と谷が入り混じった周氷河地形ができたのだ。

また、宗谷丘陵は、もともと樹木でおおわれていたが、明治以降の山火事によりその多くが失われてしまった。その後も、冷涼な気候のせいで森が回復せず、笹と低木が生えているだけなので、かえって視界が開け、地形の様子をはっきり見ることができるのだ。

宗谷丘陵では、宗谷岬から宗谷歴史公園まで、風景を楽しみながら歩けるフットパスコースが整備されている。太古の北海道の風景を想像しながら、氷河時代につくられた地形を歩いてみるのもいいだろう。

●北海道で話題の観光スポット「青い池」の水が青いワケ

アップル社のｉＰｈｏｎｅの壁紙に採用され、一躍観光スポットになった北海道美《び》瑛《えい》町の「青い池」。白樺《しらかば》の森のなかにある池の水面は、トルコ石のように青く輝き、立ち枯れのカラマツ林を静かに映し出す。

この幻想的な「青い池」は、じつは自然にできた池ではない。今からさかのぼること約36年前、１９８８年の十勝岳噴火を受け、火山泥流による災害を防ぐため、美瑛川の脇にコンクリートブロックの堰堤《えんてい》がつくられた。その背後に美瑛川の水がたまり、ため池状になったものが「青い池」なのだ。

だが、これだけでは、青いわけでもないただの人造池だ。ここから、美瑛の大自然が奇跡を引き起こす。

美瑛町の白金《しろがね》温泉郷に「白ひげの滝」と呼ばれる滝がある。この滝の水が地中に染み込み、アルミニウムを含んだ湧水となって、美瑛川に注ぎ込む。すると、美瑛川の水に含まれる火山性の硫黄とアルミニウムが混ざりあい、コロイド粒子という微粒子が生まれる。

このコロイド粒子は、太陽の光をさまざまな方向に散乱させるのだが、波長の短い青い光は散乱されやすいため、目に届きやすい。そうして水の色が青く見えるのだという。

このようにして、いわば、人工と自然のコラボレーションにより生まれた青い池は、季節や天候、見る角度によって色を変える。あるときは澄んだターコイズブルー、あるときは深いコバルトブルーと、さまざまな「青の世界」を見せてくれるのだ。

●オホーツク海の流氷は寒いからできるわけじゃない？

北海道北東部のオホーツク海沿岸は、日本で唯一、流氷を観測できる地域だ。厳冬期になると、海は一面真っ白な流氷におおわれ、雪の降り積もった大地との境界線がわからなくなるほどになる。

さすが北海道、厳しい寒さから流氷ができるのかと思いきや、同じ緯度の日本海や太平洋では流氷が見られないという。オホーツク海でのみ流氷ができる秘密は、その地形に隠されている。

オホーツク海には、シベリアから流れるアムール川が注いでいる。このアムール川の河口流域面積は、何と、日本列島の5倍。それだけ大量の淡水が注がれるため、オホーツク海の海水は塩分濃度が低い。

じつは、流氷ができる過程では、この塩分濃度がポイントになる。通常、水は0℃で氷になるが、塩分が増すと、氷になる温度は低くなる。つまり、海水は0℃よりも低い温度でないと氷にならない。だが、オホーツク海の海水は塩分が薄いため、ほかの海に比べて高い温度でも氷になるというわけだ。

さらに、オホーツク海は、カムチャッカ半島や千島列島、樺太（サハリン）の陸地に囲まれ、日本海や太平洋の影響を受けにくい。こうした地形も流氷ができやすい条件の一つといえる。

オホーツク海沿岸には、冬になるとカムチャッカ半島から渡り鳥が飛んでくる。流氷におおわれた白銀の大海原の上を舞うオオワシが見られるのも、オホーツク海特有の地形のおかげなのだ。

●世界遺産となった知床《しれとこ》半島　その魅力は火山がつくった

「生態系」と「生物多様性」が評価され、世界遺産に登録された知床。壮大な秘境、おおいなる生命の循環、そうした魅力を知床はいかにして獲得し、そして守ってこれたのか？

一言でいうならば、すべては火山の恩恵にある。１００万年前、北海道の東側の北米プレートの下に太平洋プレートが潜り込み、北米プレートの端が東から西へ移動。その結果、海底が押し上げられ、海底に割れ目ができてマグマが噴き出した。こうしてできたのが、知床半島と１５００メートル級の火山が20キロメートルにわたって連なる知床連山だ。火山の溶岩は半島をおおい、崖をつくった。同時に、オホーツク海に飛び出た知床半島が北からの流氷をとらえた。それは、植物性プランクトンを豊富に含んだ流氷だ。

これを、近海のマスやサケがエサとし、陸の生物がこれを食べた。こうした海と陸の生き物の連鎖が生まれ、独自の「生態系」をつくったのだ。また、知床半島の南側

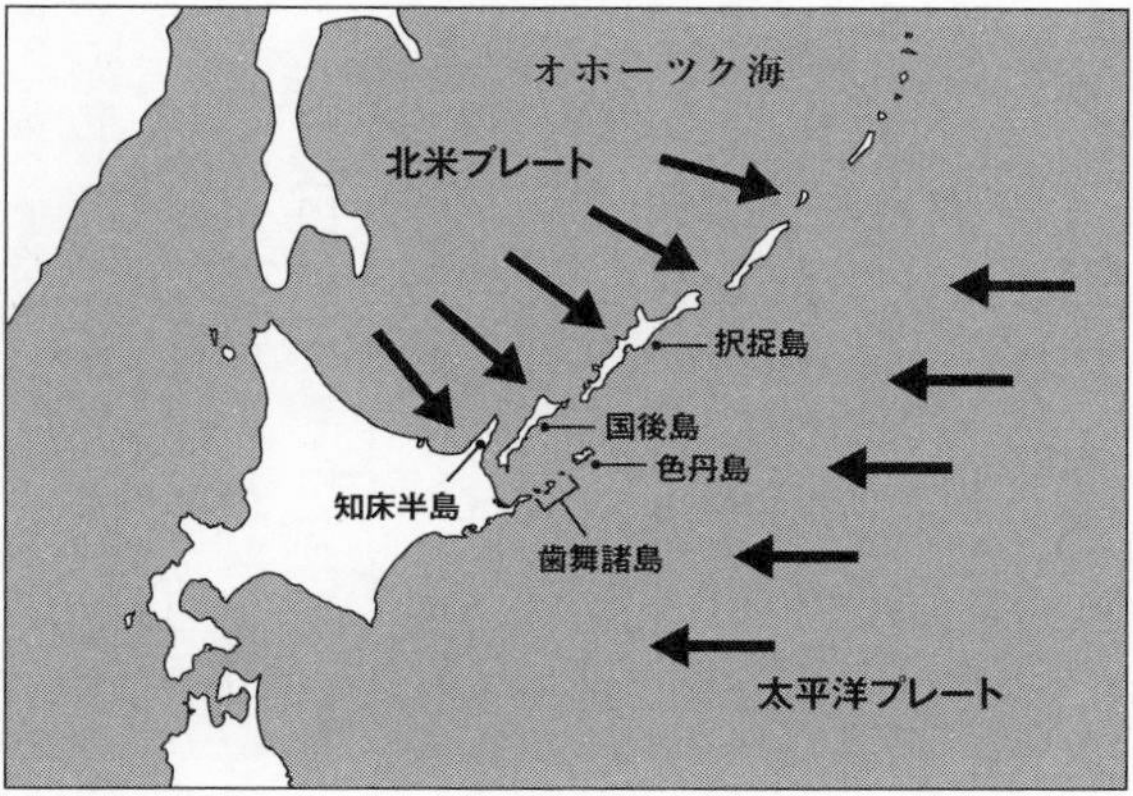

に位置する羅臼《らうす》は多種多様な魚が水揚げされるため、「魚の城下町」といわれている。

知床半島ができたとき、並列して浮かぶ国《くな》後島《しりとう》も誕生したが、その間の海域は海底が押し上げられた結果、深く凹みができ、2000メートル以上もの深さとなった。そのため、多様な種類の魚が生息するようになったのだ。

ただ、溶岩が降り積もった知床の台地の多くは耕作には不向きで、人間を寄せつけることがなかった。それが、結果的に、秘境を秘境として残すこととなったのだ。

●北海道南部の国道336号が「黄金道路」と呼ばれるワケ

北海道南部に位置する浦河《うらかわ》郡浦河町と道東部の釧路市をつなぐ国道336号。その一部に「黄金道路」と呼ばれる道路がある。

「黄金道路」があるのは、国道336号のうち、襟裳岬《えりもみさき》のあるえりも町から広尾までの約33キロメートル区間だ。この区間の道路は、1927年から8年の歳月をかけて完成したが、難工事で莫大な費用がかかった。総工費を現在価格で見積もると、おそらく94億円以上。まるで黄金を敷き詰めたように費用がかかったため、この名がつけられた。

莫大な費用がかかった原因は、この辺りの地形にある。日高山脈が海岸に沈み込む位置にあり、海岸には険しく切り立った崖が続く。これは、堆積岩や花崗岩などが入り混じった地層がプレートの衝突によって隆起し、波の侵食を受けてできたものだ。こうした場所に道を切り開くのは至難の業。海岸線に残された旧道のトンネルや崩れた道路の遺構からも難工事ぶりがうかがえる。

また、この場所は、台風や雪崩《なだれ》など、自然災害による被害も受けやすい。完成後も、崖崩れが発生したり、道路が崩壊したりと災難続きだった。そのたびに、復旧工事の費用がかかったという。

今でも、黄金道路では、波が高いと潮をかぶり、悪天候時には通行止めになる。それだけ海が近いということであり、好天時はすばらしいドライブコースになる。これも、険しい地形を切り開き、道路を築いた人びとの苦労の賜物《たまもの》なのだ。

●現れては消えていく？　幻の湖とはいったい何だろう

「幻の」という言葉を聞くと、幻の名刀とか幻の宝石とか、ファンタジー小説に出てくるようなものが思い浮かぶかもしれない。では、「幻の湖」とはどんなものだろう？

それは北海道・日高山脈幌尻岳《ぽろしりだけ》のほど近くにある七ツ沼のことだ。この七ツ沼は初夏の一時期だけ、ある日突然現れ、まるで幻のように急速に消えてなくなってしまう。そうかと思えば現れない年もあるという。この山上の湖はどのようにして生まれ、なぜ消えてしまうのか。

七ツ沼はカール（圏谷《けんこく》）のなかにあるカール湖だ。カールとは山の稜線の直下にある、まるでスプーンで山の斜面を削り取ったような地形のこと。氷河によって山肌が削られて半球形のくぼ地になり、険しい谷に囲まれた谷底にはカール底と呼ばれる平地が広がっている。そこに水がたまると、カール湖が形成されていくのだ。

七ツ沼の形成には、日高山脈の気候が大きく関わっている。冬の間、日高山脈は雪におおわれ、春になると雪が溶け始め、カール底に雪解け水が流れ込む。流れ込んだ水が積雪層を満たすと、湖が現れる。

北海道ではあまりの寒さに土壌まで凍りつき、凍土と化す。しかし夏頃になると凍土が溶ける。凍土が溶けると土が急速に水分を吸収し、湖の水が排水され湖は消滅する。このようにして七ツ沼は出現と消滅をくり返している。ヒグマの生息地なので観光に行く際は要注意。

●函館の夜景は坂道の防火対策から生まれた

夜景の美しさでは最高峰となる函館。高さ334メートルの函館山山頂展望台は見晴らしがよく、山麓《さんろく》から続く夜景は、絶妙の距離感で感動的だ。また、街の明かりと海の闇がかたどるくびれのようなシルエットも特徴的。何より目を引くのが宝石箱をひっくり返したようなきらめきなのだが、そうした魅力には防火対策が関係しているという。江戸時代から栄えたという函館の街だが、防災面で大きな問題を抱えていた。小さな失火であっても、瞬く間に大火災になってしまうのだ。1000戸以上の住宅が焼けるような大火事が頻繁に起こり、1934年の大火事では2100人以上の犠牲者を出し、町は壊滅状態になったという。函館の街の火災はどうしてこんなに被害が大きくなるのか？

絶えず強い風が吹いているという気候のせいもあるのだが、深刻なのは、道幅が狭く、蛇行していたため火の手があっという間に燃え移るためだった。そこで、火を遮断するため、道路をまっすぐにして幅を広げ、山の斜面に広がる町を貫くように、いくつもの広い坂道を整備した。なかでも、二十間坂は道幅が二十間＝36メートルもあり、函館で一番広く、開放的な景観の坂道として知られている。

広く、直線的になった坂道には街灯が整備され、民家やビルの明かりとともに点灯、直線的なきらめきが函館の夜景の特徴となっているのだ。防火対策のためにとられた都市計画は、思いがけず、函館の街に夜景という観光資源を残すこととなった。

●北海道の新篠津村《しんしのつむら》　道路よりも高い用水路の謎

北海道の西部、石狩管内の東端に位置する新篠津村は石狩川の流れに恵まれた風光《ふうこう》明媚《めいび》な地域。川沿いのしのつ湖は夏はキャンプ、冬はわかさぎ釣りでにぎわう。市街地ものどかな平地だが、訪れた人はその景観にどこか違和感を感じる。平地なのに道路と建物の間に勾配があり、スロープになっていたり、入り口に階段がつけられている建物もある。また、道路よりも高い場所に、土手のようなコンクリート構造物が築かれている。これはじつは、正常に機能している用水路なのだ。

違和感の正体は地盤沈下による「抜け上がり」という現象だ。これは脆弱《ぜいじゃく》な地盤の場所で地盤沈下が起きたとき、基礎がしっかりしている建物は沈下せず、道路面だけが低くなる現象をいう。その結果、道路と建物の間に高低差が生じ、勾配ができたり、用水路が飛び出たりするという現象が起こる。

新篠津村は、かつて水田の約70パーセントが泥炭地《でいたんち》であり、その多くが湿地だった。泥炭とは、湿地などで、水草、樹木やコケなどの植物が腐らず堆積した未分解の有機物質のこと。大量の水分を含み、土中の間隙が大きいことから、泥炭地は地盤が軟弱で、農地に不向きな土地だった。戦後、温暖で平坦な地形をもつこの地が耕作地として注目され、20年の歳月をかけ、排水施設の整備や良質の土をもち込むなどの造成が行なわれた。その結果、農作物も豊富に穫《と》れる田園地帯となった。しかし、その代償として地盤沈下が起き、「抜け上がり」が生まれたというわけだ。

【宮城県】

●伊達政宗はなぜ河岸段丘《かがんだんきゅう》に城下町をつくったのか？

伊達政宗といえば「独眼竜《どくがんりゅう》」の異名で知られる戦国大名。東北を支配したのち、数かずの武功をあげ、仙台藩の祖となった。軍事面だけではなく、内政にも長《た》け、さらに伊達政宗は卓越した地形センスをも、もちあわせていた。仙台城の城下町は、東北地方最大の都市となった仙台市のインフラ整備や街づくりの土台となっているのだ。

まず、仙台城は三方を崖や川で囲まれた自然の要塞というべき青葉山《あおばやま》に建てた。北に石垣を築くだけで強固な城郭となった。そして、現在の市街地の基礎となる城下町は意外な場所だった。仙台城の東側を流れる広瀬川には河岸に見られる階段状の河岸段丘が形成されていた。川の側から「下町《しもまち》段丘」「中町《なかまち》段丘」「上町《かみまち》段丘」と三つの河岸段丘があり、政宗はここに城下町をつくったのだ。その地は海辺から10キロメートルほど離れ、水運を考えるとけっして便利な立地ではなかった。なぜ、海辺に近いところに城下町をつくらなかったのか？

その理由はこの仙台平野の地質にあった。平野部の地層は粘土質だという。それは2500年前に起こった洪水によって堆積したとみられる地層であり、この平野部が頻繁に洪水に見舞われていたことを示す。政宗はこの地層を見極め、城下町を平野ではなく河岸段丘の上につくったのだ。

江戸時代に仙台城と仙台藩の整備に注力した政宗。その目に狂いがなかったことは、現代の仙台の繁栄が証明している。

●Y字路が教えてくれる仙台第二の城下町

仙台の城下町は伊達政宗が力を注いでつくったのだが、町の一角には不自然なズレが存在する。一般的に町並みは碁盤の目のように規則的に区割りするものだ。仙台市の青葉区と若林区にまたがる交差点から南へ150メートル進んだ場所には三叉路《さんさろ》、いわゆるY字路がある。その傾斜は約30度。このY字路を起点に、西北に広がる町並みがズレて広がっているのだ。

ここには、政宗のちょっとしたワガママが関係している。江戸時代は一国一城が原則で、一つの領地には一つの城しか建てることはできなかった。しかし、どうしても「城」的なものがほしかった政宗は、ある建物を隠居のための「屋敷」として幕府に申告。それは高さ6メートルの土塁《どるい》、幅25メートルの堀を擁する東西200メートル、南北200メートルの広大な隠居屋敷だ。「城」じゃないか?と指摘されそうだが、実際に政宗は仙台城ではなく、この屋敷で執務を執《と》った。

さらに、重臣も近隣に住まわせ、「屋敷」を建てた若林という地に町屋や町奉行も置き、西北に広がる町並みが発展した。そうして本来の町並みとはズレたもう一つの町並みができたというわけだ。「若林城」と呼ばれるこの屋敷は戦闘には不向きな平城であり、政宗はここで庭園づくりに興じ、茶の湯に親しむなど余生を楽しんだという。ただ、政宗も幕府の目を忖度《そんたく》したのか、幕府の規格からズレた「若林城」は政宗一代限りとし、自身がこの世を去った後に廃城にさせたという。

●芭蕉も訪れた松島に消滅の危機!?

日本三景といえば、宮城の松島、広島の宮島、京都の天橋立《あまのはしだて》だ。全国屈指の景勝地で、国の特別名勝に指定されている。そのなかの一つ、松島は、松島湾内に260余りの島じまが浮かび、その美しい箱庭的な風景は芭蕉ら文人に古くから称賛されてきた。

ところが、この松島がやがて消滅してしまうかもしれないのだという。もともと松島湾は海ではなくて陸地だった。何千年も前に土地が隆起して、そこに松島丘陵という高台が形成された。その丘陵が河川の侵食を受けて谷をつくった。その後、松島が沈降し、松島丘陵の谷間に海水が流れ込んだことで、現在のような多島の風景が生まれた。つまり松島は丘陵でもともと高地だったところが、今現在湾内で浮かんでいる小島なのだ。

しかし、この松島がふたたび隆起し始めているのだという。スピードは定かではないのだが、小島が浮かぶ松島湾の水深はせいぜい1～3メートルしかないので、ふたたび地続きになってしまう可能性は十分にある。

実際、「東の松島、西の象潟《きさがた》」と称された、秋田にあった象潟も、1804年に象潟地震で2・4メートル隆起したことから、入り江が干上がって陸地となってしまった。それまでは入り江のなかの小島が点在していた。しかし、今となっては水田のなかに小さな丘がいくつかあるだけだ。

松島も同様に、地震などの影響で一気に土地が隆起して消滅してしまう可能性も0ではない。訪れるならお早めに。

【新潟県・福島県】

●新潟を複雑にしている「フォッサマグナ」とは?

「フォッサマグナ」という言葉を学校で習った人もいるだろうが、少し復習をしておこう。フォッサマグナとは日本列島の中央、つまり新潟から神奈川〜静岡付近の地下にかけ、南北に縦断し、U字にえぐられた溝に新しい地層が堆積した地帯だ。

発見したのは、ナウマン象を発見したことで有名なナウマン博士。彼はフォッサマ

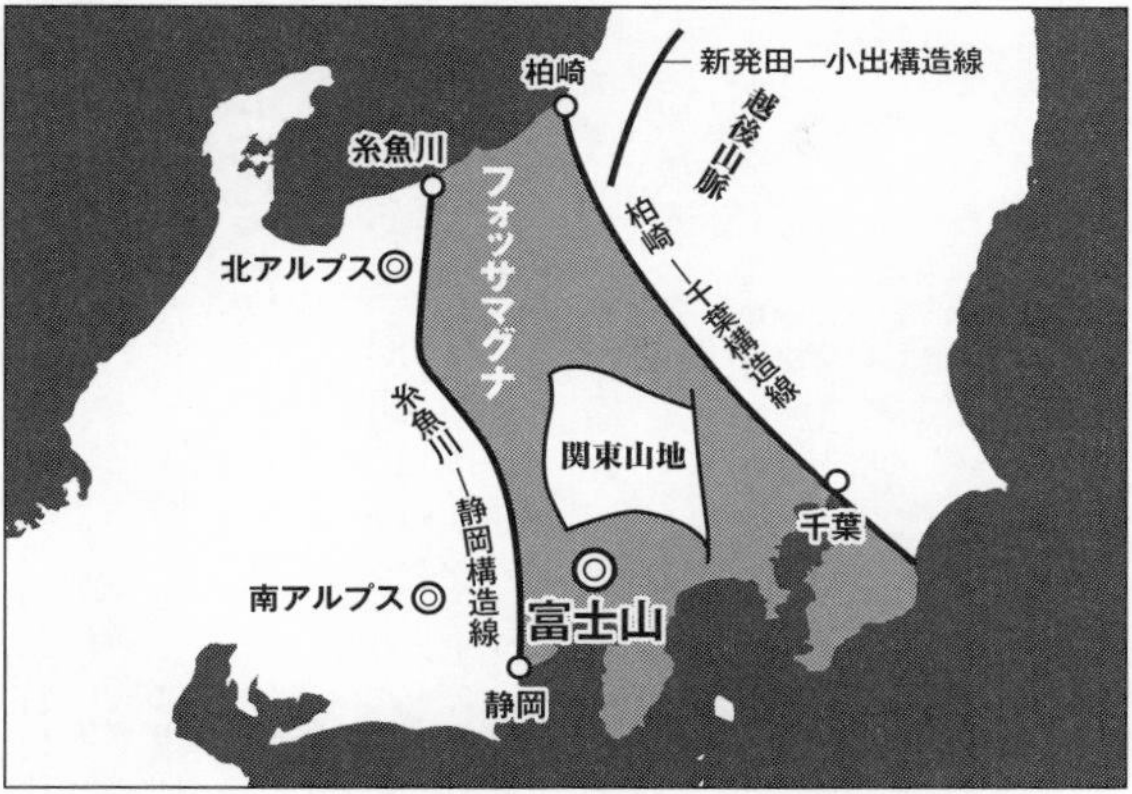

グナの西の縁《ふち》を糸魚川《いといがわ》付近から松本盆地、諏訪盆地、甲府盆地、そして富士川流域を経て静岡に至る糸魚川―静岡構造線と考え、東の縁を直江津―平塚線であると考えた。

しかし、最近では柏崎と千葉を結ぶ柏崎―千葉構造線と新発田《しばた》と小出《こいで》を結ぶ新発田―小出構造線に挟まれた地域をフォッサマグナの東の縁と考えるのが主流となっている。さらに、フォッサマグナには火山帯が通っており、この地溝帯に含まれている新潟には地質的に複雑な要素が潜んでいるといえるだろう。

このフォッサマグナの糸魚川―静岡構造線は、本州を地質的に東北日本と西南日本とに二分する大断層線だ。二分しているのは、地質面だけではなく、じつは文化的な境界線としても注目されている。醤油の「濃い口」と

「薄口」、味噌の「赤味噌」と「白味噌」、うどんの「鰹《かつお》だし」と「昆布だし」、正月の餅の「角餅」と「丸餅」、それぞれ、糸魚川―静岡構造線の東西で違ってくるという驚きだ。人間と地形や地質は複雑に絡まっているが、もっと深い部分でも影響しあっているのかもしれない。

●新潟にある河岸段丘は日本最大のアート？

『大地の芸術祭・越後妻有《えちごつまり》アートトリエンナーレ』は3年に一度開催される、世界規模の国際芸術祭。その名のとおり、会場のひとつ新潟県津南町《つなんまち》のシンボルでもある階段状の地形「河岸段丘」を、美術館に見立てて展開する芸術祭だ。「河岸段丘」自体も、悠久のときを経て生み出された自然の芸術作品として注目を浴びている。

河岸段丘は河川の中・下流域で起こる大地の隆起や、河川の長年にわたる流れなどによってできる階段状の地形だ。日本一の長流、信濃川とその支流が40万年以上をかけてつくったという河岸段丘。津南町はその上に位置する。その高さ、平坦な部分の広さ、九つにもおよぶ段数から、日本最大規模の河岸段丘といわれている。

この河岸段丘がいつ、どのようにできたのかは定かではない。ただ、氷河期と温暖な時期との数千年、数万年の周期による地殻変動《ちかくへんどう》や隆起、あるいは火山灰などの堆積によって生まれたといわれている。河岸段丘自体は珍しくないが、古い段丘から新しい段丘までが明瞭に一望できるのが特徴的なのだ。

また、豪雪や集落、あるいは棚田、縄文土器、近代的土木構造など、越後妻有の要素を凝縮した施設が、世界的建築家やアーティストの手でつくられ、見どころとなっている。

津南町『大地の芸術祭・越後妻有アートトリエンナーレ』を訪問する機会があれば、ぜひ、「河岸段丘」のスケールと美しさも、あわせて鑑賞するといいだろう。

●亀田の栗《くり》ノ木《き》排水機場の導入がハッピーターンにつながった？

「ハッピーターン」や有名タレントのCMで知られる亀田製菓は誰もが知る菓子メーカーだが、そのルーツは苦難の連続だった。亀田の名は新潟市の中央部、信濃川、阿賀野川、小阿賀野川《こあがのがわ》に囲まれた亀田郷という地名に由来する。東西12キロ、南北11キロにおよぶ日本屈指の田園地帯として知られるが、この地形がくせもの。3分の2が海抜0メートルで、信濃川、阿賀野川が流れ込んでいた。

かつて亀田は両川の排水がかなわず、「水が引かない湿田」「地図にない湖」と呼ばれていた。農家は田植え、草取り、稲刈りは胸まで浸《つ》かり、稲運びや除草など搬送作業は小舟を使った。ときに濁流が押し寄せ、命を奪ったという。生産効率は低く、危険な亀田郷は農家にとっては地獄のようだったのだ。

湿田が改善され、水の調整が自由にできる乾田化が実現したのは1948年のこと。戦後の食糧増産の場として約1万ヘクタールの亀田郷に目をつけた政府は、東洋一の規模を誇る排水設備、栗ノ木排水機場を設置させた。これによって、毎秒40トンの排水を実現。この地区の排水環境を飛躍的に進展させ、郷内の水位は改善され、新たな土地が出現したかのような見事な農地になったという。

しかし、1964年の新潟地震により栗ノ木排水機場は被災、今は親松《おやまつ》排水機場がその役目を引き受けている。こうした奮闘を背景に、亀田製菓はこの地で産声をあげた。栗ノ木排水機場なくしてはハッピーターンは誕生できなかったかもしれない。

●走るのは電車ではなく川！ 新潟の「川の立体交差」

新潟県の西蒲原《にしかんばら》地区を流れる新川《しんかわ》をJR越後線が渡っている。その800メートルほど上流にも鉄橋が見られる。JRと並行して走る私鉄か？と思いきや、そこに走っているのは線路ではなく、たっぷりと水量をたたえている川。新川の上にもう一つの川が流れる非常に珍しい「川の立体交差」なのだ。電車や車なら交差させたほうがスムーズに流れるのはわかるが、流体である川をわざわざ流すのはどうしてか？

新潟平野は1万8000年前に始まった海面上昇で海底に沈んだ土地に、信濃川などから流れる土砂が堆積してできた土地。川は流れを幾度となく変え、氾濫をくり返した。

江戸時代、この西蒲原地区も潟や沼がある低湿地帯で海に水を排水する川がなく、豪雨となると西川の水は氾濫して一面が水浸しとなった。永年、この地で洪水で苦しんでいた農民たちは治水対策を懇願。立ち上がったのが、長岡藩に住む伊藤五郎左衛門《いとうごろうざえもん》だった。

1820年に西川の底に木製の樋《とい》、つまりトンネルを埋め、排水することに成功する。現在、立体交差を見てみると新川の後に、西川を通したように見えるが、天井川として西川が先に流れていたのだ。この立体交差によって、低湿地帯は約240ヘクタールにもおよぶ農地へと変貌した。

1913年にはアーチ型の煉瓦と花崗岩の石造りのトンネルが完成。さらに、1955年には大改造工事となり、水路橋が架けられ、西川を通水し、現在の姿となった。

●新潟県と山形県の隙間に延びる1メートル幅の長い福島県の謎

越後山脈の北部にあたる飯豊山地《いいでさんち》中央部の主峰、飯豊山は日本百名山に数えられる名峰。この飯豊山には、地理的な特徴が一つある。山頂に向かって、東側が山形県で、西側は新潟県となる。山稜が県境になることは珍しくないが、登山道そのものは福島県だというから驚き。1メートル幅の山道が7・5キロメートルも続くのだ。つまり、新潟県と山形県の隙間に福島県の県境がひょろっと細長く延びている寸法だ。なぜ、福島県の土地がこんな細長く延びているのか?

問題の発端は1885年頃の福島県庁移転問題にさかのぼる。当時、福島県の県庁は県北東部にあったが、位置的な偏りから県庁移転が県民から望まれていた。そこで、福島県の西端の一部だった東蒲原郡《ひがしかんばら》を新潟県に移管することを決定した。ところが、福島県の一ノ木村(現在の喜多方市山都町《やまとまち》)の人びとは猛反対。蒲原郡にある飯豊山神社の境内も道も自分たちのものだと主張したのだ。いっぽう、移管先となった新潟県も飯豊山神社は自分たちのものだとゆずらない。

一ノ木村の人びとがこの山にこだわった理由は、古来、会津の人びとが飯豊山神社と密接な関わりをもっていたからだ。そこで、県の管理官と両村の村長の立ち会いのもと現地査定を行ない、古い藩政資料を参照し、1907年に結論が出された。飯豊山神社は福島県のものであると認定とされ、県境も土地もその領域となった。こうして、細長い福島県の土地が延びることとなったのだ。

【埼玉県】

●埼玉県と東京都を流れる新河岸川《しんがしがわ》の蛇行のわけ

新河岸川は埼玉県と東京都を流れる荒川水系の一級河川。川越《かわごえ》と江戸を結び、江戸時代初期から300年にわたって物資を載せた舟がさかんに行き来した。往来のきっかけは、1638年の川越大火で焼失した仙波東照宮《せんばとうしょうぐう》の再建のための建築資材を舟で運ぶことだったという。現在の新河岸川は水位が低く、とても舟運《しゅううん》に使える川ではない。1919年に起こった水害をきっかけに、河川改修が行なわれたといわれているが、改修前の新河岸川は「九十九曲がり」と称されるほど蛇行をしていた。これは江戸時代に人為的に整備した蛇行だという。この蛇行の意味は？

ヒントは川の水位にある。現在、水位が低く、舟が通れないのは河川改修によって蛇行を直線にしたからだ。川の流れをスムーズにすることで洪水を防ぐことができた。

逆を考えると、川は蛇行することで水かさが増し、大きな舟が航行することができたのだ。

舟運が栄えた頃、荷物や人の揚げ下ろしをするための「河岸場《かしば》」がつくられたという。1647年に上新河岸《かみしんがし》と下新河岸《しもしんがし》が、さらに扇、寺尾、牛子の河岸が開設されて「川越五河岸《ごかし》」となり、舟運の中心となった。舟には目的や航行期間によって「並船《なみぶね》」「早船《はやぶね》」などに分けられていた。並船は荷物だけの不定期便で、1週間から20日程度で江戸と川越を結んだ。早船は複数の船頭が乗り込み、4、5日で川越と江戸を一往復するもの。天保年間からは旅客が乗るようになり、乗船した翌日には江戸に着いたという。

【長野県】

●富士山5合目と張りあう長野の「JR最高駅」とは？

「JR最高駅」という記念碑が立つ駅がある。通行量や美しさではなく、1345・67メートルに位置する、文字どおり、標高が最も高い場所にある駅のこと。長野県南佐久郡のJR小海《こうみ》線「野辺山駅」だ。富士山の5合目（御殿場口ルート）が1450メートルでほぼ同等なので、いかに高い場所にあるか、おわかりいただけるだろう。トロリーバスやロープウェイは別として、2本のレールを自走する普通鉄道として最高の駅となる。

小海線は全線路の38パーセントが標高1000メートル以上の高原地帯を走ることから、「八ヶ岳高原線」という愛称もある。野辺山駅では「空にいちばん近い駅」と記された記念入場券が発売され、気分を盛り上げてくれる。なお、小海線はディーゼル車両が走る路線だが、ディーゼルエンジンと電気で走行するハイブリッド車両を運行しているという。近辺の空気の美しさに配慮しているのか、何だか気持ちがいい。

実際の標高最高地点は駅から2・3キロメートルほど清里駅よりの場所で、ちょうど踏切付近にある。白い標識のある場所が本当の最高地点だ。この踏切のそばには「JR鉄道最高地点」と記された柱があり、インスタグラムなどの記念撮影のポイントになっている。

そこを過ぎると急勾配の下りとなり、右手に野辺山宇宙電波観測所の巨大なパラボラアンテナが目に入る。天とつながるような「高い場所に来た」実感は人を最高に（ハイに）してくれるのかもしれない。

【神奈川県】

●神奈川の足柄平野《あしがらへいや》　世界的にも珍しい特徴って？

神奈川県南西部に位置する足柄平野は箱根火山、大磯丘陵、丹沢山地《たんざわさんち》と相模湾に囲まれた東西4キロメートル、南北8キロメートルの平野だ。一見、ただの小さな平野だが、じつは世界的にも珍しい地形をしている。

平野を北から南へ貫くように流れ、相模湾へと注ぐ酒匂川《さかわがわ》は、富士山東麓や丹沢山地に源流をもつ。足柄平野は、この酒匂川によって運び込まれた土砂が積もって形成された。河川の堆積作用で形成される平野（沖積平野《ちゅうせきへいや》）は水害が多い。足柄平野も、酒匂川上流域に三保《みほ》ダムが建設されるまでは洪水が絶えなかった。富士山噴火の際も、火山灰が積もった酒匂川はたびたび洪水を起こした。

また、平野の東と北の縁はナイフで切ったような直線状になっている。これは日本最大の活断層、国府津《こうづ》・松田断層が平野の縁となっているからだ。水害に加え地震の脅威にもさらされてきたのだ。

しかし、これらの特徴をもつ平野はほかにもあり、珍しいとはいえない。注目してほしいのは、そのさらに下にある地形だ。

じつは、この一帯は、ユーラシアプレート、フィリピン海プレート、北米プレートという三つのプレートが重なる、ちょうど境目にあたる。足柄平野は、プレートの沈み込みで生じた境界（相模トラフ）が陸上に露出した部分に、富士山や丹沢山地の土砂が運び込まれ、埋め立てられてできているのだ。

こうした地形は、世界的に見てもまれだという。小さいけれど個性的な平野なのだ。

●「金沢八景」の魅力は横浜市金沢区の地形にあり

かつて鎌倉の外港として栄えた金沢（横浜市金沢区）に「金沢八景」と呼ばれる八つの景勝があった。１６９４年、明《みん》の僧侶・心越禅師《しんえつぜんじ》が、高台にある能見堂《のうけんどう》からの眺望を中国の瀟湘八景《しょうしょうはっけい》になぞらえて命名したのが始まりとされる。同時期の歌人・京極《きょうごく》高門《たかかど》に詠まれたことで知られるようになり、能見堂は江戸時代後期まで多くの旅人でにぎわった。

「金沢八景」が人びとを魅了した要因は、当時の地形にある。現在、陸地になっている瀬戸橋北側から金沢文庫駅までの一帯は、当時、平潟湾《ひらかたわん》の広大な入り江だった。八景は内海を囲むように点在していたため、眺望もすばらしかったのだろう。「９世紀の人物である巨勢金岡《こせのかなおか》という絵師が能見堂からの景色を写生しようとしたが、あまりの美しさに筆を投げ捨てた」という伝説まで生まれたほどだ。

しかし、新田開発によって内海が埋め立てられると、金沢八景は景観が変わってしまう。明治に入る頃には人気も薄れ、能見堂も火事で全焼してしまった。

現在、金沢区には、当時とはまったく異なる風景が広がる。能見堂跡からの眺めも、生い茂る草木の隙間から、周辺の住宅地が見える程度だ。

その代わりといってはなんだが、2008年、「新金沢八景」が区民投票によって誕生した。「横浜ベイサイドマリーナの夕景」や「八景島のあじさい」など、かつての八景に負けず劣らずの美しい景観を金沢区で眺めることができるのだ。

●横浜がかつて相模国《さがみのくに》と武蔵国《むさしのくに》に分かれていたことを示すものとは?

横浜市金沢区の朝比奈と大道《だいどう》の境の崖に、高さ約4メートルの磨崖仏《まがいぶつ》がある。磨崖仏とは崖に彫られた仏のこと。鼻が欠けていることから「鼻欠地蔵《はなかけじぞう》」と呼ばれているそうだ。江戸時代には存在し、『江戸名所図会《ずえ》』にも地蔵を見上げる旅人が描かれている。

じつは、鼻欠地蔵には「界《さかい》の地蔵」という別名があった。なぜそう呼ばれたかというと、江戸時代まで横浜市は「相模国」と「武蔵国」の二つに分かれていて、この地蔵が、ちょうどその国境にあったからだ。鼻が欠けたのも、両国の小競《ぜ》り合《あ》いに巻き込まれ、とばっちりをくったせいといわれている。

鼻欠地蔵のように、横浜市が二つの国に分かれていたことを物語る史跡はほかにもある。港南台駅から南へ500メートルほど行ったところにある栄区、元大橋公園には、そのまんま「相武国境」と刻まれた石碑が建っている。「相武」は「相模国」と「武蔵国」の頭文字をとって合体させた語句だ。

同じく「相武」がつくもので、泉区緑園《りょくえん》6丁目の角にあるのが「相武国境之道」の道標。この道標を境にして、南側が相模国、北側が武蔵国だった。また、国境に沿って「国境の道」と呼ばれる道も通っていた。

険しい尾根や大河が国境の場合、往来が困難なうえ、気候や環境も違い、両国の文化に違いが生じる。武相国境は、市内に残された国境跡を見る限り、往来はさほど困難ではなかっただろう。おそらく、相模国と武蔵国は似たもの同士の国だったに違いない。

●鎌倉の鶴岡八幡宮の参道に「段葛《だんかずら》」がつくられたワケ

源頼朝ゆかりの神社、鶴岡八幡宮《つるがおかはちまんぐう》（神奈川県鎌倉市）。その参道として、社頭から南の海岸まで、約1・8キロメートルにわたって一直線に延びる「若宮大路」は、両側に飲食店や土産《みやげ》物店が軒を連ね、多くの車が行き交う鎌倉きってのメインストリートだ。

1182年に、源頼朝が妻政子の安産を祈願してつくったとされる若宮大路には、途中三つの鳥居がある。おもしろいことに、そのうち「二の鳥居」から「三の鳥居」までの道の中央には、「段葛」と呼ばれる、盛り土され一段高くなった歩道が通っている。以前は「一の鳥居」まで続いていたが、明治時代に横須賀線の開通により縮小されたそうだ。

現在、段葛には約300本のソメイヨシノが植えられ、春になると桜のトンネルの通り抜けに大勢の人が訪れる。そんな桜の名所となっている「段葛」だが、もともとは、桜並木のためにつくられたわけではない。鎌倉時代、鶴岡八幡宮の周辺は低湿地だった。雨が降ると道がぬかるんでしまうため、「段葛」を設けることで歩きやすくしたのだ。ちなみに、当時は桜ではなく、松並木だった。

参拝しやすいように工夫が凝らされた若宮大路は、意外なことに、今のような人通りの多いメインストリートではなかったらしい。発掘調査の結果、若宮大路に接した屋敷や寺の入り口は若宮大路側になく、若宮大路の東側を通る小町大路側にあったという。若宮大路は、人びとの生活のための道ではなく、もっと格の高い「神聖な道」だったのだ。

●「日本最古の港」が鎌倉の材木座《ざいもくざ》海岸にある？

遠浅のビーチとして子供連れのファミリーに人気が高い材木座海岸（神奈川県鎌倉市）では、干潮時に、石積みでできた全長200メートルほどの島が姿を現す。この石積みの島は「和賀江島《わかえじま》」と呼ばれる、「日本最古の港」の跡なのだ。

和賀江島ができたのは1233年。もともと、材木座海岸は日本各地や宋《そう》との貿易に利用されていた。しかし、遠浅のため、大型船は岸に横づけできず、荷揚げがしづらい。そこで港をつくることにした。船底に石をつるし、浮力を利用して運び、積み上げる作業をくり返し、わずか1カ月で完成した。

日本で初めての「港づくり」が成功したポイントは二つある。一つめは、石積みに使った石。この辺りで採れる石は「鎌倉石」と呼ばれる凝灰岩《ぎょうかいがん》だ。比較的軟質で、波に対して脆《もろ》く、港の石積みには適さない。そこで、伊豆や箱根など、ほかの地域の石を運んできて使った。

二つめは、石を積み上げた場所。通常、海岸の砂地に石を積んでも、沈んだり流されたりしてしまう。しかし、材木座海岸には、凝灰岩の岩盤地層が削られてできた平坦な「波食台《はしょくだい》」が広がっていた。その上に積み上げることができたのだ。

材木座海岸の地形や地質を理解してつくられた和賀江島は、江戸時代まで利用されたという。今では廃れてしまったものの、引き潮になると、ひょっこり姿を現し、磯遊びにきた子供たちを楽しませている。

●なぜ「江ノ電」の線路は曲がりくねっているの?

「江ノ電」の愛称で親しまれ、地元の神奈川県民はもちろん、観光客にも人気の「江ノ島電鉄」。その魅力の一つは、バリエーションに富んだ車窓からの眺めだろう。

稲村ヶ崎《いなむらがさき》や七里ヶ浜《しちりがはま》といった湘南の海岸、極楽寺《ごくらくじ》などの山間部、そして線路すれすれに迫る家並み。四両編成のレトロな電車は、鎌倉から藤沢までの約10キロメートルを、さまざまな風景を見せながら、のんびりコトコト走る。

そんな江ノ電の路線のうち、藤沢駅から江ノ島駅まではかなり曲がりくねっている。くねくねと車体を左右に揺らしながら、密集した家の間を縫うように抜けていくのだ。

曲がりくねった線路が敷設《ふせつ》された背景には、1902年の江ノ電開業以前に活躍していた「人力車」の存在があった。当時、藤沢から観光地である江の島への交通手段は、片瀬県道《かたせけんどう》（国道467号）を片道約40分で走る人力車がメイン。だが、同じ道を電車なら約10分で走る。それでは人力車が廃れてしまうと懸念した人力車夫たちは開通に猛反対。そこで江ノ電は、片瀬県道沿いへの敷設をやめ、当時の江ノ電の株主・山本庄太郎氏の所有地に曲がりくねった線路を敷いたのだ。

苦肉の策で生まれた「くねくね線路」も、今では江ノ電の魅力の一つ。軒先をかすめるように住宅街を抜けると、突然視界が開け、車窓いっぱいに湘南の海が広がる。さらに山のトンネルを抜け、潮の香り漂う海の町から、情緒豊かな鎌倉の町に到着する。

●鎌倉に武士の都ができたのは「ヤツ」のおかげ!?

「鎌倉」といえば、神奈川県鎌倉市の中心部であり、ご存じのとおり、鎌倉幕府が置かれていた場所だ。鎌倉時代の「鎌倉」は、現在の3分の1ほどの面積しかなかったが、約10万人が住む大都市だった。現在、その地域の人口は約5万人というから、2倍も人口密度が高かったことになる。

鎌倉が都市へと発展できたのは「ヤツ」のおかげだ。ヤツとは誰かのことではなく、山やまの間にある谷間のこと。鎌倉の地形は、源氏山、大平山《おおひらやま》など、三方を山やまに囲まれているため、平地は少ないが、代わりに無数の「ヤツ」が存在する。

鎌倉の武士たちはヤツの斜面を削って平らにならし、階段状に平場をつくっていき、そこに屋敷や寺を建てた。また、洞穴を掘り、石塔を置いて「やぐら」（物を貯蔵しておくための倉）にすることもあった。自然の「ヤツ」を利用しながら、町を築いていったのだ。

武士たちが、ヤツを自由自在に削ったり掘ったりできた理由は、この辺りの地質にある。鎌倉の山は「鎌倉石」を含んだ地層でできている。鎌倉石は、砂質に火山灰や軽石が混ざって固まった凝灰岩《ぎょうかいがん》の一種。軟質で、細工がしやすい性質をうまく利用したのだ。

谷間が多い地形は各地にあるが、これだけの都市を築いた地域は珍しい。そんな鎌倉には「扇ガ谷《おうぎがやつ》」など「谷」と書いて「ヤツ」と読む場所が多数ある。そこでは、階段状の平地に建つ寺院や、崖を削ったトンネル跡など、武士の都の面影を見ることができる。

【静岡県・山梨県】

●本州なのに南の島!?　伊豆半島の生い立ちの秘密

静岡県の東端部に位置する伊豆半島は、火山と温泉で知られる半島だ。『伊豆の踊子』の著者であり、伊豆の自然と風土を愛した作家・川端康成は、そんな伊豆のことを「南国の模型」と称している。

確かに、南伊豆地方の下田市の町並みは、火山灰の地層から採れる「伊豆石」でできた、美しいしま模様の民家の壁が続き、エキゾチックな雰囲気が漂う。また、半島最南端の弓ヶ浜には、青い海、白い砂浜、生い茂る熱帯植物といった南国の空気が満ち、ここが本州と地続きであることを忘れてしまう。

伊豆半島がこうした独特の景観をもっているのは、世界的にも珍しい地形の成り立ちをしているからだ。今から約2000万年前、当時の伊豆は、フィリピン海プレートの上にできた海底火山群で、本州から南へ数百キロメートル離れた太平洋にあった。

その後、フィリピン海プレートが北上するとともに、一緒に本州のほうへ移動。小さな火山島を含む火山群として、浅い海底での火山活動を続けながら、約100万～

60万年前に本州と衝突。この頃には陸化していたため、衝突後は陸上での火山活動をくり返し、天城山《あまぎさん》や達磨山《だるまやま》といった大型火山を生み、現在の伊豆半島を形づくったのだ。

つまり、伊豆半島は、南からやってきた火山島だったというわけだ。そんな半島は、本来なら海底に没しているはずの海底火山群を、美しい海岸線やダイナミックな溶岩地形として直接観察できるレアな場所なのだ。

●お茶だけじゃない　静岡がワサビの名産地になったワケ

静岡県は、お茶だけでなく、全国有数のワサビの産地としても知られ、世界農業遺産にも認定されている。なかでも有名なのが、「静岡県棚田等十選」にも選定されている伊豆市筏場《いかだば》のワサビ田だろう。天城山の麓のなだらかな斜面に、1500枚もの棚田が幾重にも折り重なる風景は圧巻だ。

静岡におけるワサビ栽培の発祥は約400年前。静岡市葵区有東木《うとうぎ》の村人たちが山中に自生しているワサビを採集し、湧水地で栽培したのが始まりだ。やがて静岡県全土で栽培されるようになり、茶、シイタケと並ぶ特産物として、江戸でも流通したという。

静岡、とりわけ筏場のワサビ田が位置する天城山麓がワサビの名産地になった理由は、この辺りの地形にある。天城山は万三郎岳《ばんざぶろうだけ》や万二郎岳《ばんじろうだけ》など1000メートルを超える山やまで構成されているが、山に囲まれ、日光が当たりすぎない地形はワサビの栽培に向いていた。また、よいワサビが育つにはきれいな水が欠かせないが、この点においても、天城山の地下1000メートルから深層水が湧き出しているため、恵まれていたのだ。

さらに、天城山の北麓には、万三郎岳西の皮子平《かわごだいら》火口が噴火した際に形成された、なだらかな斜面が広がっている。そうした傾斜のゆるい斜面には、棚田を開きやすいという利点もあった。

伊豆天城産のワサビは、ワサビのなかでも最高級品とされている。その香りと辛味は、豊かな自然と、ワサビ栽培に適した地形によって育まれているのだ。

●伊豆では地震が多いと豊漁になるってホント?

「地震が多い」といわれる静岡県。なかでも伊豆半島東部の沿岸から沖合までのエリアでは、群発的に地震が起きている。こうした伊豆の地震にまつわる言い伝えに、「伊豆は地震が多いと豊漁になる」というものがある。

これを唱えたのは明治生まれの地球物理学者・寺田寅彦《てらだとらひこ》。夏目漱石の門下生でもあり、数多くの名随筆を残した人物だ。寺田が伊豆の地震と漁獲量の関連性を示したのは1932年。伊豆半島伊東沖の群発地震の日別の回数のグラフと、アジなどの漁獲量のグラフが似ていることを発表したのだ。

結局、寺田はその理由を解き明かすことはできなかったが、今も研究は続けられている。ある研究者が、地震が多発した1974年から1989年までの、相模湾一帯の定置網の漁獲量のデータを調べたところ、地震と漁獲量の関連性をはっきりと示すものがあった。たとえば、熱海市多賀の定置網でのアジの漁獲量は、1986年の伊豆大島の噴火の前後に起きた地震の回数と見事なまでにリンクしていたという。

ただ、地震との関連性を示さない定置網も多くあったそうだ。結局のところ「伊豆で地震が起きると豊漁になる」と断定できるほどの根拠はまだ見つかっていない。

現在、伊豆の地震活動は、この地域が火山地帯であることから、地下のマグマ活動が原因とされている。今後そのメカニズムがより明確になれば、地震と魚との関係も解き明かされるかもしれない。

●静岡・牧之原《まきのはら》台地が日本一大きな茶畑になったワケ

静岡県島田市を流れる大井川西岸には、国内最大規模の茶園・牧之原台地が広がる。初夏には茶の緑におおわれるこの台地が、かつて不毛の地だったといったら驚くだろう。

もともと島田では、大井川の豊かな恵みを受け、古くからお茶が栽培されていた。だが、牧之原は作物が育たない土地といわれ、明治に入るまで見向きもされなかったという。そんな不毛の地が日本一の茶畑に生まれ変わった背景には、ある事情が存在した。

江戸時代、たびたび氾濫する大井川は東海道最大の難所だった。だが、周辺は駿河《するが》と遠江《とおとうみ》の国境。幕府側の防衛措置として橋を架けたり船を渡したりすることは禁じられていた。そこで活躍したのが「川越人足《かわごえにんそく》」という、人を肩や輦台《れんだい》に乗せて対岸へ運ぶ人夫たちだ。大井川には約800人もの川越人足がいたという。だが、明治維新後、大井川に渡し船の許可が下り、川越人足は失業してしまう。静岡藩は無職となった彼らや幕府直参《じきさん》の旗本らに牧之原の開墾作業をさせることにした。

こうして大開拓が始まったが、水も引けない荒地の開墾は困難を極め、茶摘みができるまでに4年もかかった。しかし、そこは版籍奉還《はんせきほうかん》により職を奪われた者たちの意地か、見事開拓を成功させ、静岡のお茶づくりに適した気候も相まって、茶の全国生産量の約4割を占める大産地がつくられたのだ。

今では茶畑だけでなく、土産《みやげ》物店が並ぶ観光スポットとなった牧之原台地。そこに、かつて不毛の地と呼ばれた頃の面影はない。

●人びとを魅了する富士山の芸術的で美しい造形の秘密！

画家、写真家などの芸術家をはじめ、人びとを魅了する富士山。人をひきつけてやまない魅力は、その美しすぎる容姿にあるようだ。

富士山はすばらしく均衡のとれた円錐形の独立峰。斜面にほぼ谷がなく非常になめらかだ。どこから眺めても美しい姿は平安時代には「八面玲瓏《はちめんれいろう》の富士の山」と呼ばれ、江戸時代には額の生え際を富士山頂の形になぞらえて「富士額《ふじびたい》」と呼び、美人の象徴とした。それにしても、まるで誰かの意図でつくられたかのようなバランスのとれた美しい造形は、どのようにしてできたのだろう。

富士山は「カテナリー」と呼ばれる、紐の両端をもってたらしたときにできる双曲線の形（天地は逆）の「成層火山」に分類される。ベースとなる広大な裾野が形成されたのが約10万年前の噴火だ。

スコリアと呼ばれる黒い玄武岩溶岩などが大量に噴出し、雨で泥流となって下流へと流れ込んだ。このくり返しで広がった泥流が、富士山の広大な裾野となる扇状地を形成したのだ。そこに高温で粘り気がなく流れやすい玄武岩質のマグマが、頂上からなめらかに流れた。そのことで穏やかできれいな斜面をつくり、円錐形の美しい富士山の姿をつくり出していった。

江戸時代の大噴火以降は休止状態だが、風雪により斜面に谷が形成されつつある富士山。人と同じように年齢を重ねているが、10万歳とは思えない美しい姿で今も人びとをひきつける魅力に満ちている。

●新富士火山《しんふじかざん》と古富士火山《こふじかざん》 なぜ違う呼び名がついている?

現在は約300年の間、噴火活動を休止中の富士山。これまでの数百万年の噴火史上、活動の時期で「古富士火山」、「新富士火山」と違う呼び名がついている。

富士山周辺では、約70～20万年前、小御岳《こみたけ》と愛鷹山《あしたかやま》の二つの火山が存在した。小御岳火山がしばらく休止に入った後、約10万年前から富士山が活動を開始。この時期を古富士火山と呼ぶ。そして古富士火山の爆発的な噴火によって標高3000メートルにまで達する大きな山体を形成する。

その後、古富士火山は約4000年間休止した後、約5000年前から活動を再開する。この再開から現在に至る火山活動を新富士火山と呼ぶ。今の静かな富士山からは想像もできないが、新富士火山の噴火は噴火のデパートと呼ばれるほどバラエティに富んでいた。地層には溶岩流、火砕流、スコリア、火山灰が含まれ、山腹噴火により山体崩壊もあったようだ。

樹海で知られる青木ヶ原は864年からおよそ2年間活動した貞観《じょうがん》大噴火の溶岩により誕生し、1707年の宝永《ほうえい》大噴火では大量の火山灰が江戸市中にまで達した。宝永大噴火後、大規模な噴火はないが、富士山はいつ噴火が起こってもおかしくない活火山。

次に噴火活動が起こったら、その呼び名は「新・新富士火山」などに変わるのかもしれない。ちなみに、富士山北斜面5合目には突起している場所があるが、新富士火山と古富士火山の先祖といえる小御岳の頭部だ。

●富士山はプレートの交差点　超レアポイントに誕生した

海洋プレートと大陸プレートがぶつかる境界線上に火山ができる。これは火山ができるプロセスの一つ。境界線上に火山が連なってできた状態を火山帯と呼んでいたが、今は火山フロントと呼ばれている。

富士山はユーラシアプレートとフィリピン海プレートの境界に太平洋プレートが沈み込んだ火山フロントの延長線上に立地している。こんなレアポイントにある火山は珍しい。

だが、富士山が立っている「北緯35度21分39秒。東経１３８度43分39秒」は、さらに北米プレートが接している。つまりプレートの交差点という超レアポイントにあたり、地質学的に地球上でこんな場所に立っている火山は世界中、どこを探しても富士山だけなのだ。この超レアポイントに誕生したことで、富士山は大きく育つことになった。プレートの交差点ということは、それぞれがもつ膨大な噴火のエネルギーが集中しているということでもある。

さらに、本来、フィリピン海プレートは南から北へ動いていたのが、東側から太平洋プレートに押されて北西方向と西方向に強力に引っ張られてしまった。その裂け目からは、地下の深層部にあった玄武岩質マグマが大量に噴出。富士山が日本では珍しい玄武岩質の大きな火山になった要因とされている。このように富士山誕生には、プレートの交差点という超レアポイントだった地形が大きく影響している。

【岐阜県】

●堤防でぐるっと周りを囲んだ岐阜の「輪中《わじゅう》」はどうしてできた？

木曽三川《さんせん》（木曽川《きそがわ》・長良川《ながらがわ》・揖斐川《いびがわ》）に挟まれた岐阜県海津市《かいづ》では、農地や住宅地の周りをぐるりと堤防で囲んだ「輪中」と呼ばれる地形が見られる。この輪中はどうやってできたのだろうか？

海津市の面積の約４割は、海と土地の高さがほとんど変わらない海抜０メートル地帯だ。川よりも土地のほうが低く、昔から水害に見舞われてきた。そこで、田畑や家を守るために、集落の周りを堤防で囲ったのだ。

ちなみに、輪中がつくられるようになったのは、鎌倉時代より後。それまでは上流側のみの堤防だった。これを「尻無堤《しりなしづつみ》」という。

輪中のほかにも、水害に備えて考え出されたものがある。石を高く積んで建てられた「水屋《みずや》」には食品を保管し、水が引くまで生活できる部屋があった。

つまり、シェルターだ。水害時の交通手段として家の玄関の軒下には舟がセッティングされている。

米づくりは「堀田《ほりた》」で行なわれた。文字どおり、土を掘り、その土を盛った上に田んぼをつくるのだ。掘った部分は水路として利用し、舟で農作業に向かう。田んぼの水は、足で水車を回して水路からくみ上げた。

現在、土地改良工事により堀田は埋め立てられ、輪中に広がっているのは一般的な田畑だ。平坦で作業がしやすく、すぐそばに豊富な水があるという輪中ならではの地形を活かし、大規模な農業が行なわれている。今も輪中は、自然と共存するための知恵を伝えているのだ。

●水の都・岐阜の大垣を生んだ地形の秘密

イタリアの「水の都」といえばヴェネツィアだが、日本にも「水の都」がある。岐阜県の西濃地方に位置する大垣市だ。

揖斐川、牧田川《まきたがわ》、大谷川《おおたにがわ》をはじめとする15もの一級河川が市内を流れる大垣市は、西濃地方の産物や資材を各地へ運ぶ川湊《かわみなと》の町として発展してきた。ヴェネツィアさながらの水運の町だったわけだ。

さらに、大垣市が「水の都」であるゆえんは豊富な地下水にある。市内には地下水が自然に湧き出る「自噴井戸《じふんいど》」が21カ所あり、全国有数の自噴帯《じふんたい》として知られるのだ。

かつてはもっと自噴井戸が多く、昭和初期には1日の湧水量が約60~70万トンもあったという。これは当時の東京と大阪の水道使用量の約20倍にあたる。大量の地下水を受けるために、「井戸槽《いどぶね》」と呼ばれる水槽が各家庭に置かれていたほどだ。

大垣市に豊富な地下水をもたらしたのは、木曽三川（木曽川・長良川・揖斐川）だ。大垣市は濃尾平野の扇状地に位置するが、この辺りの土地は、三つの大河が洪水のたびに上流から運んできた土砂でできている。こうした土地（氾濫平野）の地下には、水を蓄える礫層《れきそう》があるのだ。

地下水に恵まれた大垣市は、同時に、水害にもたびたび見舞われた。洪水対策として集落を堤防で囲んだ「輪中」が発達した地域としても知られる。そんな木曽三川が生んだ「水の都」は、現在「水の郷百選」にも選ばれている。

●世界第2位の高低差をもつ新穂高《しんほたか》ロープウェイの空中散歩

北アルプスの絶景をロープウェイから眺めるなら、岐阜県の奥飛騨温泉郷にある新穂高温泉と西穂高岳《にしほたかだけ》を結ぶ「新穂高ロープウェイ」がおすすめだ。新穂高ロープウェイでは二つのロープウェイを乗り継ぐが、第2ロープウェイで、日本唯一の2階建てゴンドラが導入されている。全国にあるロープウェイで、2階建てのものはここだけだ。

　驚くのはまだ早い。

　新穂高ロープウェイの目玉は、乗り場と終着駅の「高低差」にある。麓の新穂高温泉駅は標高1117メートル。対して山頂の西穂高口駅は標高2156メートルと、1039メートルの標高差がある。これは東洋ナンバーワン、世界でも第2位を誇るスケールだ。

　実際にロープウェイに乗ると、その高低差を体感できる。新穂高温泉駅から第1ロープウェイで鍋平高原《なべだいらこうげん》駅まで約4分。急斜面をぐんぐん昇り、見る見るうちに麓の景色が小さくなる。

　第2ロープウェイに乗り換えると標高は一気に上昇。槍ヶ岳《やりがたけ》や西穂高岳に連なる山やまが視界に迫り、約7分で西穂高駅に着く。10分強で1039メートルを昇り詰める感覚は、まるで天空のエレベーターに乗っているようだ。

　そんな新穂高ロープウェイでは、9月下旬から約1カ月間にわたって赤や黄に色づいたシラカバ、ナナカマドなどの紅葉を眺めることができる。高低差が大きいおかげで、山頂から麓に向かって紅葉していくため、そのぶん長く楽しめるのだ。

【石川県・富山県】

●金沢には加賀藩の防衛ライン「惣構《そうがまえ》」の跡が残されている!?

金沢の街を歩くと、あちこちで坂や水路を目にする。ありふれていて気にもとめないかもしれないが、それらはかつて加賀藩のピンチを救った「惣構」の跡かもしれない。

「惣構」とは、簡単にいうと、敵の侵入を防ぐために、土塁と堀をセットにした要害のことだ。江戸時代、金沢城を中心とした城下町は、二重の惣構で囲まれていた。

惣構は、川岸にできる階段状の地形（河岸段丘）を利用してつくられた。段差の下の部分に幅約10メートルの「堀」を掘り、掘ったときに出た土を段差の上の部分に盛って土塁をつくったのだ。その高さは約8～10メートル、ビル3～4階分にもなった。堀を渡って高い土塁を越えるのは至難のワザだ。そんな惣構がつくられた背景には、加賀藩の存続を危ぶむ事件があった。１５９９年、初代藩主・前田利家が死去すると、二代・利長に徳川家康暗殺計画のうわさが流れる。これは加賀藩に攻め入るための口実として徳川側が流したものとされている。

緊迫した状況のなか、利長は徳川との戦に備え、わずか1カ月で惣構を築く。これにより気持ちに余裕のできた利長は、利家の妻まつを人質として徳川に送ることで交戦の意がないことを表明し、和睦に成功したのだ。

さらに三代・利常が1610年に外惣構を築き、城の堀も含めて三重の防衛ラインとなった。加賀藩の危機を救い、繁栄へと導いた惣構は、今や一部が残るのみだが、坂や水路として金沢の街に溶け込んでいる。

●「逆サイフォンの原理」で金沢城に水を送る辰巳用水《たつみようすい》

金沢城は市街を見渡せる高台の上にある。周囲より高い位置にある城の堀に水を送っているのは「辰巳用水」だ。驚くことに、この用水路は江戸時代に掘られたものだ。時は1631年。大火事により金沢城が焼けるという惨事が起きる。高台にある城は守りには強いが、周辺を流れる犀川《さいがわ》や浅野川《あさのがわ》から水を引けないという弱点があったのだ。

城に水を引くには、川の上流から水を流すしかない。こうして全長約11キロメートルにおよぶ用水路をつくる工事が始まった。

まず、犀川の上流に沿って、30メートルごとに139個の横穴が空けられた。その横穴から上流と下流の方向へ約15メートルずつトンネルを掘り、横穴間を貫通していった。現在もこの横穴は30個ほど残され、辰巳用水の点検などに利用されている。

用水路は順調に掘り進められたが、兼六園と城の間に難関があった。お堀を経由して水を流さないといけなかったのだ。

そこで利用されたのが「伏越《ふせこし》の理《ことわり》」と呼ばれる原理だ。これは、現代でいうと、位置エネルギーにより水が揚がっていく「逆サイフォンの原理」(排水口より、より高い位置から液体を入れると、水路が排水口より低くても、高い位置にある排水口より液体が流れ出ること)。この原理で白鳥堀から内堀へ水を揚げ、さらに高い位置にある城中二の丸まで水を引くことに成功した。

その後、辰巳用水は、金沢城の防火はもちろん、堀の水や城内の生活水、さらには農業用水にも利用された。現在では、1日に1400トンもの水を金沢市内に送り続け、日本三大用水の一つにも数えられている。

●金沢は「砂金」を含む土砂が流れてできた街だった!?

豊かな自然と伝統文化に彩られた町、金沢。この「金沢」という地名は、「砂金」に由来するという。

かつて金沢市を流れる犀川では、さかんに砂金が掘られていた。「金が採れる沢」ということで「金沢」になったのだ。砂金は、犀川だけでなく、浅野川や宮木、能登《のと》部《べ》など、県内の各地で採れたようだ。

1939年の北國新聞の記事によると、大勢の人が砂金を採りに金沢に集まり、多い人では1日に20グラムの砂金を採ったという。金沢でゴールドラッシュが起きていたのだ。

金沢の川で砂金が採れる理由は、この辺りの土地が、約1万年前、鉱山から砂金を含む土砂が流れてできているからだ。一帯は別名「砂金台地」とも呼ばれている。

金が採れるということで、金沢では、古くから金箔《きんぱく》づくりがさかんに行なわれていた。1593年には、秀吉の朝鮮出兵に従っていた加賀藩初代藩主・前田利家が、領地の金沢や七尾などで金箔、銀箔の製造を命じる書を寄せたとされ、この頃には箔打ちの技術が金沢にあったことがわかる。

現在、日本の金箔のほぼ100パーセントは金沢で製造されている。金沢の観光拠点・ひがし茶屋街では、箔屋が軒を連ね、「黄金のトイレ」や「プラチナ入り金箔を2万枚も貼った蔵」など、工夫を凝らし、観光客の目を引いている。残念ながら、砂金は以前ほど採れなくなってしまったが、「金の町」としての伝統は脈々と受け継がれているのだ。

●キリマンジャロやモンブランにも匹敵する名峰!? 白山の魅力

世界には雪をいただいた「白い山」が多くある。アルプスの「モンブラン」、アフリカの「キリマンジャロ」、ハワイの「マウナ・ケア」。いずれも「白い山」の意味だ。日本における「白い山」といえば石川県の最高峰・白山《はくさん》（標高2702メートル）だろう。ほかの山の雪が消えた季節でも、遠くから「白い山」として見分けられる白山の美しさは、古代より都にまで伝えられ、紫式部も『源氏物語』のなかで、庭に残った雪を、白山を引きあいにして描いている。

白山は眺めても美しいが、登っても美しい。夏には色とりどりの高山植物が山肌を埋めつくし、山頂では雲海のかなたに立山連峰の山並みを一望できる。その神々しいまでの美しさから、古くより山岳信仰の場として開かれ、富士山、立山と並ぶ「日本三大霊山」の一つにも数えられている。

また、地形も興味深い。白山を構成する三つの峰のうち、剣ヶ峰《けんがみね》と御前峰《ごぜんがみね》の稜線《りょうせん》はシャープで、大汝峰《おおなんじみね》の稜線は丸みをおびている。これは峰の年齢が違うためだ。一番年長の大汝峰は10～14万年以上前に噴火した古白山火山が侵食作用を受けてできたもの。その後、4～5万年前に新白山火山が誕生。約4500年前に山体の頂上部が大崩壊し、御前峰と剣ヶ峰ができた。こうした成り立ちが、変化に富んだ地形を生み出している。

ビジュアル、高山植物、信仰、地形。魅力満載の白山は、世界の白い山たちに劣らぬ、名峰といっていいだろう。

●日本で3番めに大きい砂丘が石川県にあるってホント？

金沢市内から車で20分ほど走ると、ゆるやかな丘陵地にさしかかる。そこが「砂丘」であることは、地元・石川県民の間でもあまり知られていない。

日本海に面したその砂丘は「内灘《うちなだ》砂丘《さきゅう》」と呼ばれ、全長約10キロメートル、幅1キロメートル、最高地点標高5メートルと、あの有名な「鳥取砂丘」に次いで日本で3番めに大きい砂丘だという。

それにもかかわらず、あまり知られていないのは、なぜだろうか？

「内灘砂丘」は日本海から吹く強い風によって砂が堆積してつくられた海岸砂丘だ。直線状に続く海岸には遮るものがなく、つねに強い風が吹き、砂浜には風がつくりだす、さざなみのような模様（風紋）も見られる。

戦後間もない頃は、こうした砂地が一帯に広がり、まるでＳＦ映画で宇宙船が不時着する、無人の星のような風景が見られた。内灘砂丘を訪れたことのある三島由紀夫も、小説『美しい星』のなかで、内灘砂丘にＵＦＯが飛んでくる場面を書いている。だが、１９５０年代後半から砂防林をつくるためにアカシアが植林され、開拓が進んだことで、砂地は農地や宅地に変わってしまった。海岸以外では砂丘らしい風景が見られないため、訪れた人も、そこが砂丘であることに気づかないのだ。

そんな内灘砂丘では、毎年、世界的な凧《たこ》あげのイベントが開催されている。風の強さを売りにして、観光地化してきているそうだ。

●文豪に愛された金沢の女川《おながわ》と男川《おとがわ》

文学好きな人なら、「金沢」と聞いて「川」をイメージするかもしれない。金沢出身の三文豪、泉鏡花《いずみきょうか》、徳田秋声《とくだしゅうせい》、室生犀星《むろうさいせい》の作品には「女川」と「男川」の愛称で呼ばれる二つの川が多く登場するからだ。

「女川」の愛称をもつのは、ひがし茶屋街と主計町《かずえまち》茶屋街の間を流れる浅野川。その流れは曲線的でゆるやか。対して「男川」は、にし茶屋街、寺町のそばを流れる犀川。流れは直線的で、水量も多く勢いがある。

また、周辺の雰囲気も異なる。浅野川は近くに茶屋町があり、着物姿で歩くのが似合う。犀川は広びろとした河川敷をジョギングするほうがしっくりくる。

男女に見立てた粋な愛称を、最初に使ったのは泉鏡花だ。『義血侠血《ぎけつきょうけつ》』をはじめ、鏡花文学の舞台は浅野川周辺であることが多い。その一つ、『由縁《ゆかり》の女《おんな》』のなかで、浅野川を「女川」と表現している。

泉鏡花が浅野川を「女川」と呼んだのを受けて、いつしか「男川」と呼ばれるようになった犀川は、室生犀星の作品に多く登場する。『性に眼覚める頃』は、犀川でくんだ清水でお茶を点《た》てる場面から始まる。「犀星」というペンネームも犀川からとったものだ。

二つの川は、市の中心に位置する兼六園を挟むように流れている。よって市内を移動するにはいずれかの川を渡ることになる。そうして、市民だけでなく、文豪たちにとっても、二つの川が流れる街並みというのは、金沢を象徴する風景の一つになっているのだ。

●石川県珠洲《すず》市《し》の珪藻土《けいそうど》がつくり出した、切り出しコンロ

石川県能登半島の地層の約4分の3は「珪藻土」でできている。珪藻土とは、植物

性プランクトンの一種である「珪藻」の遺骸が海や湖の底に積もってできた土のこと。全国に分布しているが、能登半島の推定埋蔵量は約27億トンと日本最大だ。

珪藻土は多孔質で軽く、断熱性が高いため、コンロや七輪の原材料に使われる。能登半島でも七輪やコンロが多くつくられているが、とくに珠洲市では、日本で唯一の「切り出しコンロ」が生産されている。

通常、コンロは「練物」といって、珪藻土を練って型に入れてつくることが多い。だが、切り出しコンロは、珪藻土を塊のまま切り出し、ノミで七輪の形に成形する。よって、天然珪藻土の無数のミクロの空胞がそのまま残っているため、他のコンロよりも保温性や熱効率が高く、丈夫なのだという。

切り出しコンロが珠洲市のみでつくられているのは、珠洲市の珪藻土が、珪藻の遺骸だけでなく粘土も含み、優れた成形性をもっているからだ。珪藻土は北海道から九州までの日本海側で多く採取されているが、こうした性質はほかの産地で採れる珪藻土には見られないという。

能登半島では、あちこちで珪藻土が露出しているのを見ることができるが、珠洲市の観光名所、「見附島《みつけじま》」は、島全体が珪藻土でできているという。珠洲市の特産物である七輪と同じ原材料でできている、まさに、珠洲市を象徴する島なのだ（現在、残念なことに、２０２４年1月1日の地震で姿が以前とは変わってしまっている)。

●石川の七尾湾《ななおわん》に点在する無数の「鼻」の正体は？

石川県能登半島中央部にある七尾湾には「鼻」という地名がつく場所が多い。一本木鼻、牧鼻、ボロボロ鼻、カイモチ鼻、イナヘズミ鼻、タケガ鼻、カマエ鼻、藤吉鼻、松ヶ鼻、釜鼻……ここにあげきれないほど無数の「鼻」が点在している。この鼻の正体は何だろうか？

じつは、「鼻」は「岬」を意味し、「〜岬」や「〜崎」と同じく、海に出っ張った陸地のことをいう。七尾湾には、それだけ岬が多いということだ。

岬が多いのは、海岸線が入り組んでいるせいだろう。七尾湾は、能登島を軸に、北湾・西湾・南湾に分かれているが、それらの海岸線は出っ張ったりへこんだりしながら、たくさんの入り江をつくっている。

とくに能登島は東西約14キロメートル、南北約9キロメートルの小さな島にもかかわらず、入り江が多いため、波打ち際の長さは１００キロメートルにもおよぶ。

七尾湾に面した海沿いをドライブすると、海岸線の凸凹がわかる。その出っ張ったところは「鼻」だが、一つ一つが小さいため、「岬」だとは気づかないかもしれない。

ちなみに、でっぱりを「岬」と呼ぶか、「鼻」と呼ぶかは、大きさや形状によるのではなく、命名年代によるという。「鼻」は西日本では多く見られるが、北陸では珍しい。七尾湾で最初に「鼻」と呼んだのが誰なのか、今となっては知るよしもないが、あれこれ想像しながら車を走らせるのも楽しい。

●富山にはどうして大雪が降るの?

富山県の住宅街では、どの家の車庫にもかならず屋根があり、道路上には融雪装置がある。富山県全域が豪雪地帯に指定されているため、山間部だけでなく、市街地でも雪対策が必要なのだ。

富山の豪雪の原因となっているのは、対馬《つしま》暖流と飛騨山脈だ。対馬暖流が日本海に流れ込むことで、日本海の海水は冬でも12~16℃と温かい。そこへシベリア大陸からの冷たい季節風が吹くと、温かい海水から蒸発した水蒸気が冷やされて霧になり、やがて大量の積雲になる。この積雲が陸地へ流れ、富山平野の背後にそびえる飛騨山脈にぶつかると、巨大な積乱雲に発達して、平野部に大量の雪を降らせるのだ。

富山に降る雪は大量なうえに、湿っているため重く、建物への負担が大きい。1963年に日本海側を襲った記録的豪雪、いわゆる「三八豪雪《さんぱちごうせつ》」では、多くの家屋が雪により崩壊した。

そこまでではないにしろ、屋根の雪おろしにかかるコストやリスクは県民にとって悩みのタネだ。そのため、独特の建築様式も生まれた。少しでも雪が屋根から落ちるよう、急傾斜の茅葺《かやぶ》き屋根を設けた「合掌造《がっしょうづく》り」もその一つ。五箇山《ごかやま》（南砺市《なんとし》）の合掌造り集落は世界遺産にも登録されている。

現代でも、家屋の柱や梁《はり》は太くされ、屋根には、雪の圧力にも割れにくい、耐凍結性の高い瓦が使われている。さまざまな創意工夫による雪対策がなされているのだ。

●東洋の宝石「ヒスイ」の原石が打ち上げられる富山の宮崎・境海岸

富山県と新潟県の県境、下新川郡朝日町・宮崎・境海岸には、砂浜の代わりに、白、緑、赤など、さまざまな色をした小石の浜が広がっている。じつは、宮崎・境海岸は「東洋の宝石」と呼ばれる「ヒスイ」の原石が拾える名所として、「ヒスイ海岸」と呼ばれているのだ。

世界各国で産出されるヒスイは、たいてい山のなかにあるが、日本の場合、海岸で発見されることも多い。宮崎海岸から新潟県・糸魚川にかけての海岸で見つかるヒスイは、ヒスイの産地・姫川流域から日本海へ流れ出し、海岸に流れついたものといわれている。

近年、朝日町や新潟県の青海町、糸魚川市などで、ヒスイ加工の工房遺跡が発見され、古代より、この一帯でヒスイが採れ、加工されていたことがわかった。不思議なことに、これらはいずれも縄文時代から古墳時代の遺跡で、奈良時代以降、ヒスイの加工が行なわれた記録はないという。奈良時代、ヒスイに何が起こったのかは謎のままだ。

さて、ヒスイ海岸に話を戻すと、残念なことに、ここ数年、海岸でヒスイを見つけるのは難しくなっているという。ちなみに、海岸で見つかる石に「ネフライト」と呼ばれるヒスイそっくりの緑色をした石がある。これは、いわゆる「本ヒスイ」とは別ものだ。海岸で拾えないなら、産地の川で拾えばいいと思うかもしれないが、川沿いのヒスイは天然記念物。小石一つもって帰るのも厳禁だ。海岸に打ち上げられた石は採取してもよいので、やはり地道に海岸でねばるしかない。

●日本でも氷河を見られる場所が富山の立山連峰にあるってホント?

「氷河を見たいけど、パスポートも海外へ行くお金もない!」という人に朗報。なんと、富山県の立山連峰でも氷河を見られるのだ。

氷河の国際的な定義は「陸上を移動する雪と氷の大きな塊」とされている。長い間、日本にはこの定義を満たす「氷河」は存在しないといわれてきた。だが、立山連峰には真夏でも溶けずに残る万年雪（雪渓《せっけい》）があり、そこに氷河があるかもしれないと、2009年より2年にわたって調査が行なわれた。

注目したのは立山雄山東面の御前沢雪渓《ごぜんざわせっけい》、剱岳《つるぎだけ》東面の三ノ窓雪渓《さんのまどせっけい》と小窓雪渓《こまどせっけい》の3カ所だ。氷の厚さをアイスレーダーで測定し、雪渓中央部に差し込んでおいたポールが1カ月間にどれだけ動いたかをGPSで調べた。

結果、どの雪渓にも、積雪の下に厚さ30メートル以上の氷体があり、御前沢雪渓は約1カ月間で最大10センチ、三ノ窓雪渓、小窓雪渓は30センチ以上移動していることが観測された。これにより、3カ所は現存する「氷河」と学術的に認められたのだ。

それまでは「カムチャッカ半島より南の東南アジアに氷河は存在しない」というのが定説だった。これを覆した立山連峰の氷河は「最も温暖な地域に存在する氷河」になる。残念ながら、どの雪渓も厳しい地形にあり、直接足を踏み入れることはできないが、御前沢雪渓なら雄山の山頂から見下ろせる。真夏でも真っ白な残雪の下にある氷河は、海外の氷河と比べると小さいが、「世界の常識を覆した氷河」としての価値は大きい。

●富山湾はかつてスギの原生林だった!?

富山県魚津市《うおづし》にある魚津埋没林《まいぼつりん》博物館の展示プールには、幹の直径が約2メートルもある巨大な樹の根っこが横たわっている。まるで魔界の森に生えていそうな、神秘的なたたずまいをした樹根は、富山湾に埋もれた約2000年前のスギの原生林の一部であるという。

どういうことかというと、かつて富山湾の辺りは陸地で、スギの原生林があったが、片貝川《かたかいがわ》の氾濫により土砂に埋もれてしまったという。その後、気候変動によって海面が上昇し、海の底に沈んだというわけだ。

このように、河川の氾濫による土砂や海面上昇など、さまざまな原因によって「埋もれた林」のことを「埋没林」という。魚津埋没林博物館の埋没林は、1930年の魚津港工事の際に富山湾で発見されたもので、「魚津埋没林」と呼ばれている。

しかし、木が海水に浸かっていたら腐ってしまうはず。なぜ、魚津埋没林は腐らなかったのだろうか?

それは、この辺りの地層に立山連峰からの地下水が流れていたからだ。富山湾には海のなかでも地下水が湧いている場所があるという。土砂に埋もれた根っこの周りに真水である地下水が流れ、腐るのを防いでいたと考えられている。

2000年の時を超えて現代に蘇った巨大な根っこは、天然記念物に指定されている。そうして、太古の森林の様子を今に伝えているのだ。

●富山がチューリップ王国になったのはなぜ?

春に咲く花といえば「桜」だが、富山県では「チューリップ」だろう。4月から5月にかけ、県内の公園や畑では、いっせいにチューリップが咲き誇り、一面が赤や黄色のカラフルなじゅうたんにおおわれる。

チューリップの球根生産量日本一を誇る富山でチューリップ栽培が始まったのは、1918年のこと。当時、富山の米農家は、冬の間、雪のせいで働けないという悩みを抱えていた。そんな米農家に生まれた水野豊造《ぶんぞう》氏が、冬場の水田を有効活用できる作物として栽培したのが始まりだ。やがて砺波市《となみし》を中心に栽培農家が増え、1964年には1900万球が輸出されるまでになった。

富山がチューリップ王国になったのは、地形と気候が球根栽培に適していたからだ。チューリップは大水飲みといわれるほど成育中に根から水を吸い上げる。

富山県砺波市の一帯は扇状地で水源が豊富なうえ、雪解け水によって十分な水を与えられる。また、4~6月の球根が最も肥大する時季が、1年のうちで最も晴天の多い季節にあたることも功を奏した。何より、冬場に積もる雪が、地中の温度と湿度を一定に保ち、秋に植えた球根を霜柱などの害から守ってくれる。悩みの種だった雪が、成功の決め手になったのだ。

「富山のチューリップ」は日本だけでなく世界にも知られている。「黄小町《きこまち》」や「夢の紫」といった品種は、球根生産量世界一のオランダでも生産され、高い評価を得ているという。

【福井県・滋賀県】

●福井県と京都を結ぶ鯖街道《さばかいどう》と花折断層《はなおれだんそう》

「鯖街道」とは何か。鯖の名産地？　鯖が売られる道？　まさか鯖が行き来する街道？　正解はどれかといえば、じつは三つ目。といっても、鯖が自分で歩くわけではない。古来、鯖を運ぶ商人たちが行き来した道。具体的には若狭国《わかさのくに》の小浜《おばま》藩領内（福井県）と京都を結ぶ街道を指す。

この「鯖街道」、じつはある地形のライン上と合致する。京都の出町柳から、八瀬《やせ》、大原など山間の観光地を経ると、ほぼ直線的な谷が走る。谷は途中越《とちゅうごえ》、花折峠《はなおれとうげ》を越え、高野川から安曇川《あどがわ》を眺めつつ進むと滋賀県と福井県の県境に到達する。これは「花折断層」という活断層のラインそのものなのだ。

活断層はくり返し活動し、今後も活動して大地震を引き起こす可能性のある断層。花折断層も何度もズレが起き、大地震をくり返し、甚大な被害を人びとに与えてきた。同時に、断層の作用により断層沿いの岩盤を脆《もろ》くさせ、そこに川が浸食して谷がつくられた。この谷が思わぬメリットを人びとに提供することになる。花折断層がつくり出した直線的な谷には安曇川が流れ、それに沿って街道が走った。昔の人は、若狭から京へ鯖を運ぶため、この道を利用したのだ。

京都では三大祭（葵祭《あおいまつり》・祇園祭《ぎおんまつり》・時代祭《じだいまつり》）などの日に、鯖寿司を食べる習慣があった。そんな京の街と美味なる鯖が獲《と》れる福井県の小浜を最短経路で結ぶことから、鯖街道と呼ばれるように。活断層のおかげで京の人びとは鯖寿司を堪能することができたのだ。

●日本一大きい琵琶湖《びわこ》が今も移動しているってホント？

楽器の琵琶の形が名前の由来とされる日本一大きい湖「琵琶湖」。現在の形になったのは、約43万年前と考えられている。

世界でも20ほどしかない古代湖の一つでもある琵琶湖は、500〜400万年前の地殻変動でできたくぼ地にたまった水たまりだった。やがて古琵琶湖《こびわこ》と呼ばれる湖に成長する。この古琵琶湖は形を変えながら、ときには消滅しては現れ、南から北へ移動し、現在に至る。湖が生き物のように南から北へ移動するなんて、にわかには信じ難い話だが、本当にそんなことがあるのだろうか。

結論からいうと、これは「本当」だ。湖の地層にあたる古琵琶湖層群の断面には「将棋倒し構造」と呼ばれる、地層がズレた状態があり、このズレた方向から、南から北に移動したことがわかる。

実際に琵琶湖の水深を調査すると、南部の南湖は水深が平均4メートルなのに対し、北部の北湖は平均43メートルと深くなっている。そして、驚くことに、今も琵琶湖は計算方法にもよるが、毎年約2センチ北へ北へと、私たちの目ではわからないが、着実に移動している。

確かに、琵琶湖の形をあらためて見ると、北方向に扇状のように広がっているのがわかる。このまま琵琶湖は北へと移動しながら、やがて日本海に到達し、消えてしまうだろう。移動中の琵琶湖がどんな形に姿を変えていくのか見てみたいが、計算によると、それは後、約100万年かかるそうだ。

●琵琶湖の出身地は三重県！　滋賀県民衝撃の事実が判明

滋賀県の6分の1の面積を占める琵琶湖は、滋賀県が誇る日本最大の湖。ところが、琵琶湖が誕生したのは滋賀県ではなく三重県だった！　この事実、知らない人が多いのでは？

そもそも琵琶湖が誕生したのは、現在の三重県西部の伊賀盆地。500～400万年前、地殻変動《ちかくへんどう》によってできたいくつかのくぼ地が盆地になって低いところに水がたまり、古琵琶湖が誕生する。

この古琵琶湖は「大山田湖《おおやまだこ》」と呼ばれ、初めは約22キロメートル四方の大きさだった。やがて湖は三重県の名張《なばり》から滋賀県の信楽《しがらき》の甲賀市にまで広がる。その後、約100万年という長い年月をかけ、断層活動によりシーソーのように隆起と沈降をくり返しながら、古琵琶湖は移動を始める。

北へ北へとアメーバのようにその姿を変形しながら移動する古琵琶湖。そして、ついに約43万年前、琵琶湖湖西《こせい》の山沿いの断層活動で隆起した比良山《ひらさん》地や比叡山《ひえいざん》に、せき止められる。その麓の広大な地域に水がたまり、滋賀県に琵琶湖が誕生した。

長い時間をかけて移動し、安住したかに見える琵琶湖だが、前のページで述べたとおり、今も北へと移動中。三重県から滋賀県に定住することなく、次は福井県か石川県か。あるいは岐阜県に引っ越しをするかもしれない。

引っ越し先では住所も変わり、形も変わり、その名前も変わっているだろう。だが、どこに移住しても、生まれ故郷は三重県だということは忘れないでいてほしい。

【三重県・和歌山県】

●なぜ三重県四日市市は石油コンビナートの町になった?

巨大な煙突やタンク、複雑にうねった配管、噴き上がる水蒸気……無数の夜間照明に照らし出されるコンビナートの姿は、SF映画の近未来を彷彿《ほうふつ》とさせる。全国屈指の大規模な石油コンビナートを擁する四日市港では、そんな工場の夜景を眺めるナイトクルーズが人気だという。

四日市市が石油コンビナートの町として発展した背景には、地理的な条件が影響している。古くからの良港や、海蔵川《かいぞうがわ》、三滝川《みたきがわ》といった豊富な水をもたらす河川に恵まれていたため、江戸時代には東海道の宿場町として、大正・昭和初期には、綿布・毛織物を輸出する繊維産業の町として栄えた。その後、第二次世界大戦中に軍需工場を中心とした重工業の町へと発展。１９５０年代に入ると、日本初の石油コンビナートが建設され、一大石油化学コンビナート地帯となったのだ。

しかし、戦争直後、燃料として使われていたのは石炭のはず。なぜ、石炭ではなく石油コンビナートがつくられたのだろうか？

その理由は、石炭の産地である北海道と北九州から離れていたため。四日市市からはどちらも遠く、運搬費用がかさむ。そこで四日市市では、早くから石油燃料を使い始めたのだ。

やがて四日市市の石油コンビナートは、高度経済成長を支えるエネルギー供給の基地となった。日本五大工場夜景の一つに選ばれるほどスケールが大きく、美しいその夜景も、四日市市が産炭地のそばに位置していたら、誕生しなかったかもしれない。

●ゲリラ豪雨は日常茶飯事！　三重・尾鷲《おわせ》に雨が多い原因は？

三重県南部の熊野灘《くまのなだ》に面した尾鷲は日本有数の雨どころだ。といっても、シトシト降り続くのではない。突然バケツをひっくり返したような、激しい豪雨に見舞われるのだ。

２０２１年の年間降水量を調べると、東京都の２０５２ミリに対し、尾鷲市は４１０３ミリと倍近い。いっぽう、日照時間は東京都の２０８９時間に対し、尾鷲市は１８９９時間と、それほど差はない。つまり、これは尾鷲では「降るときにはドバッと降る」ということを示す。その雨の激しさに、ふつうの傘では壊れてしまうため、通常よりも多い12本あるいは16本の骨と厚手の布でつくられた、丈夫な「尾鷲傘」なる名産品まで誕生したほどだ（今は入手困難）。

尾鷲に豪雨をもたらす要因となっているのは、紀伊山地を背にしながら太平洋の熊野灘に面した独特な地形だ。熊野灘の海水温は、暖流である黒潮の影響により他の海域より高い。海水温が高いということは、その上に暖かく湿った空気がたまっていることになる。

この暖かく湿った空気が尾鷲へ流れ、１５００メートル前後の尾根が連なる紀伊山地にぶつかると、その斜面に沿って上昇し始める。高度が上がるにつれ、水蒸気を含んだ空気の温度は低下し、５～６℃にまで冷やされると雲になる。そうして熊野灘からの暖かい空気が次つぎと流れ込み、雲が一気に膨張するため、大量の雨を降らせるのだ。

尾鷲ではゲリラ豪雨にしょっちゅう見舞われる。訪れる際は、たとえ晴れていても、傘をお忘れなく。

●和歌山・奈良・三重の県境　UFO着陸の跡のような地形の謎

和歌山・奈良・三重の県境に密かな人気を集める奇景スポットがある。険しい山やまに囲まれた、まさに秘境のまんなかに、ぽっかり浮かぶ島のような集落。周りを囲むように川が流れ、円形を成した一帯は、まるでUFOが着陸した跡のようだ。

その集落は「木津呂《きづろ》」と呼ばれ、ちゃんと人も住んでいる。しかし、この不思議な地形は、どうやってつくられたのだろうか？

始まりは約7000万年前。現在の木津呂の北側に、海底地形の隆起によって山ができる。その山が少しずつ削られ、南側に土砂が積もって木津呂が形成された。

ところが、約1500万年前に起きた大規模な火山噴火によって、木津呂一帯は陥没してしまう。さらに、周囲を流れる北山川の侵食作用を受け、長い年月をかけて、現在の島のような形になったと考えられている。つまり、木津呂の地形は、火山噴火と北山川の大蛇行が生んだ、大自然の芸術品だったのだ。

なお、北山川は、今も木津呂を侵食し続け、このままいけば、集落は先の細い半島のような形になるという。遠い未来の話とはいえ、いつか消えてしまう奇景はぜひとも見ておきたい。

木津呂を一望できる場所へは、和歌山県の嶋津《しまづ》という集落から登ることができる。だが、道標が少なく、迷いやすい場所もあるため、登山初心者には難易度の高いルートだ。山道に精通した地元のガイドさんに案内してもらうのが賢明だろう。

●熊野の辺りに富士山より大きい巨大火山があったってホント!?

青い海に緑の里山、JR紀勢本線がその合間を縫うように走る熊野には、のどかな日本の原風景が広がる。だが、太古の昔には巨大火山が存在し、マグマを煮えたぎらせていた。火山が存在した証拠とされているのが、酸性の火山岩である「熊野酸性岩」だ。三重県尾鷲市から和歌山県那智勝浦《なちかつうら》町まで、約60キロメートルの範囲に、この熊野酸性岩が分布している。また、熊野市には熊野酸性岩で形成された、高さ70メートル、周囲６００メートルの岩壁もある。この岩壁は「楯ケ崎《たてがさき》」と呼ばれ、マグマだまりが地下深くで冷えて固まったものだ。

ほかにも、火山活動を示す証拠は残されている。熊野酸性岩と同じ成分でできた「室生火砕流《むろうかさいりゅう》」と呼ばれる火砕流の堆積物だ。室生火砕流は名張市《なばりし》、津市美杉《みすぎ》町の東西約30キロメートル、南北約30キロメートル、さらに奈良県の一部、御杖村《みつえむら》などでも見ることができる。

驚くべきことに、熊野酸性岩や室生火砕流は、新潟県加茂市や千葉県鴨川市でも見られるという。これらの地域の火山灰層には、熊野酸性岩や室生火砕流と同じく、約1500万年前にできたとされる赤と白のジルコンが含まれている。つまり、すべて同じ火山から噴出したものなのだ。

三重から新潟、千葉までの広範囲にわたって火山灰層が分布していることから推測される火山活動の総体積は、なんと約2000立方キロメートル。やはり熊野周辺には富士山をしのぐ巨大火山が存在していたようだ。

●三重県榊原《さかきばら》温泉はかつて海の底だった！

三重県津市中部に位置する榊原町には、全国的に有名な榊原温泉がある。その歴史は古く、清少納言の『枕草子』に名湯として登場するほど。里山に囲まれた静かな温泉地は、昔から人びとを癒やしてきたのだろう。

そんな榊原温泉も、平安時代よりもはるか昔には海の底だったという。その証拠に、温泉街の北側にある山の断崖《だんがい》絶壁から、カキ、ホタテガイ、ツノガイといった貝類や、サンゴ、カニの殻、サメの歯など、多種多様な海の生物の化石が見つかっている。

また、榊原町の北東部に位置する美里町《みさとちょう》・三郷《みさと》地区にも、貝の化石がたくさん埋まった山がある。どちらの山も「貝石山」と呼ばれ、三重県の天然記念物に指定されているのだ。このような「貝石山」をはじめ、津市周辺には貝の化石を多く産出する地層が分布している。一志層群《いちしそうぐん》と呼ばれるこの地層は今からおよそ1500～2000万年前に海に積もったもので、地殻変動によって隆起し、現在のような陸地を形成したと考えられている。

津市周辺で採取された化石の研究によると、当時の地球は今より暖かく、西南日本（広島県から長崎県にかけて）の海には亜熱帯に分布するような生物が生息していたそうだ。岸辺には、パレオパラドキシアと呼ばれる、カバに似た水陸両生の哺乳類も棲《す》んでいたらしい。榊原温泉を訪れた際には、そんな古代の海に思いをはせながら、湯に浸かるのもいいかもしれない。

●和歌山市に平安貴族が愛した大砂丘があった!?

和歌山県和歌山市の中心部は坂道が多い。これらの坂道は、かつて平安貴族たちの間で「吹上の浜《ふきあげ》」と呼ばれ、景勝地とされていた大砂丘のなごりだという。

『古今和歌集』には、菅原道真《すがわらのみちざね》の「秋風の 吹き上げにたてる 白菊は 花かあらぬか 浪のよするか」という和歌が載っている。あの清少納言も『枕草子』のなかで、「浜は吹上の浜」と名所の一つにあげているそうだ。

今からさかのぼること約5000〜6000年前、和歌山市は浅い海の底にあった。温暖化により、海面が現在より約3〜6メートルも高かったからだ。だが、約4000年前頃になると、少しずつ海面が下がり、同時に、紀の川《きのかわ》によって運ばれる土砂が、河口部に堆積し始める。そうして砂州《さす》が形成され、しだいに小高い砂丘となり、ついには「吹上の浜」ができた。

その後、平安時代まで吹上の浜は存在していたが、室町時代頃には消えてしまう。紀の川が氾濫し、周辺の砂の大部分をさらっていってしまったのだ。

今では、吹上の浜は住宅地となり、その面影は坂道として残るのみだ。しかし、東京都の駒込の「六義園《りくぎえん》」には、「吹上の浜」をイメージした庭園があるという。

六義園は、徳川五代将軍・綱吉に仕えた柳沢吉保《やなぎさわよしやす》が、『万葉集』など多くの和歌に詠まれた和歌山市の景勝地を模してつくった大庭園。都心のどまんなかで、平安貴族に愛された大砂丘の姿を人びとに伝えているのだ。

●和歌山の古座川《こざがわ》　巨大な「一枚岩」のヒミツ

和歌山県南部を流れる古座川流域では、ユニークな巨岩や奇岩が多く見られる。そのうちの一つ「一枚岩」は、古座川を河口から18キロメートルほどさかのぼった川の縁に、突如、出現する。高さ100メートル、幅500メートルもの重厚な一枚岩が、清らな川の流れを前にそそり立つ光景は圧巻だ。

一枚岩ができたのは、今から約1400~1500万年前。熊野（和歌山県南部と三重県南部からなる地域）に存在したといわれる巨大な火山が多量の火砕流を噴出し、カルデラを形成した。そのときに噴出したマグマが大気に冷やされて固まり、岩石が形成される。この岩石が長い年月をかけて侵食され、現在のような形になったという。

そんな古座川の一枚岩にまつわる伝説として「守り犬伝説」がある。それは、次のようなものだという。

昔、岩が好物の魔物が岩を食い荒らしながら古座川をさかのぼっていった。いよいよ一枚岩を食べようとかみついたとき、里に棲む猟犬が襲いかかって魔物を追い払い、一枚岩だけは穴だらけにならずに残った。

この一枚岩を守った犬が、今でも姿を現すといわれている。4月19日前後と8月25日前後の数日間のみ、夕日を受けて「守り犬」の影が一枚岩に浮かび上がるのだ。

実際は、この影は犬ではなく、対岸にある山の影。一枚岩の岩壁が巨大なスクリーンとなって、守り犬の伝説を影絵にして見せてくれるのだ。

●和歌山が日本一の「梅の里」になったワケ

和歌山県日高郡みなべ町および田辺市一帯は、日本一の梅の生産地だ。約2万本の梅の木が栽培される「岩代大梅林《いわしろだいばいりん》」では、早春になると、白い可憐な花が山一面を飾り、梅の香りに包まれた、桃源郷ならぬ「梅源郷」が広がる。

和歌山県に日本一の「梅の里」が誕生した背景には、この辺りの地形が関係している。山と海に挟まれた一帯は、土地が養分に乏しいうえ、礫《れき》質で崩れやすい斜面が多く、稲作に向かない土地だった。そこで、江戸時代の田辺領（みなべ町・田辺市）が目をつけたのが「梅」だったのだ。

やせ地を利用して栽培した梅には年貢をかけないという保護政策をとったおかげで、梅栽培がさかんに行なわれるようになり、やがて田辺領の梅干しは江戸でも人気を集めるようになったという。しかし、養分の乏しいやせ地で梅栽培が成功したのは、なぜだろう？

じつは、梅が育つにはカルシウムが必要なのだが、この辺りのやせ地は、炭酸カルシウムからできている中性質の土壌なため、豊富なカルシウムを含んでいた。さらに、太平洋を流れる黒潮がもたらす温暖な気候もあいまって、梅がよく育ったのだ。

昭和に入ると、みなべ町で「南高梅《なんこううめ》」が誕生し、ブランド梅として全国的に知られるようになった。大粒で、やわらかな皮と分厚い果肉の南高梅の梅干しは、和歌山の地形と、そこに暮らす人びとの知恵によって生まれた逸品なのだ。

●白良浜《しららはま》の白い砂はオーストラリア産ってホント？

和歌山県の「白浜」といえば奈良時代より知られる温泉地だが、約640メートルにわたって白い砂の浜が広がる「白良浜」も有名だ。「日本のワイキキビーチ」と称される白良浜の白い砂は、ガラスの原材料にも使われる珪砂砂岩《けいささがん》が細かく砕かれて砂状になったもの。よって、明るい白色をしているのだ。

一説では、この白い砂は、白良浜の南にある「千畳敷《せんじょうじき》」という大岩盤が波や風に砕かれて砂になり、白良浜へ運ばれてきたものだといわれている。だが、近年の白良浜の砂は、何と、異国であるオーストラリアからやってきたという。

通常、砂浜では、砂が波にさらわれて減っても、河川から砂がふたたび供給されるため、砂の量は保たれる。しかし白良浜では、土地の開発によって砂の供給が減り、昭和の終わり頃から砂浜がやせてきてしまった。

そこで県は、1983年より砂浜に砂を足す養浜事業を行なうことにした。だが、国内では白良浜のような白い砂が見つからないため、海外の砂にも調査対象を拡げたところ、オーストラリアのパースの砂が最適と判明。1989年から2000年までの間に、約7万4500立方メートルもの砂をオーストラリアから運び、継ぎ足したのだ。

現在も、砂の流出を防ぐ突堤を設置したり、風で砂が飛ばされないようにネットを張ったり、砂浜の保全活動は続いている。でなければ、いずれ「日本のワイキキビーチ」は「日本のパース」になってしまうだろう。

【奈良県】

●歴史遺産を抱えて千年の眠りについていた奈良

ビジネス街や繁華街があり、大勢の観光客を迎えるアクティブな京都に対し、奈良は時代に取り残された古都のイメージがある。実際、奈良県のホテル・旅館客室数は全国で最低レベル。なぜ、そこまで差がついたのか？

奈良が栄華を誇ったのは、いうまでもなく平城京《へいじょうきょう》を擁した奈良時代だ。中央アジアを横断する古代の東西交易路となったシルクロードはユーラシア大陸から東シナ海を渡り、日本へやってきた。弥生時代には海面が高く、大坂湾も深くえぐられているような地形になっており、半島のように横たわる上町台地を回り込むと、河内湾の内海まで進むことができた。さらに、大和川を進むと、奈良盆地に到着する。これが、シルクロードの終着点であり、奈良が繁栄した理由だった。

しかし、794年、都は紆余曲折《うよきょくせつ》を経て京都の平安京へと移された。そこは、淀川を人、物、文化流入のルートとする新天地だった。水運交通の流れは淀川が中心となり、戦国時代を経て江戸が都となると、京都の先、つまり東海道や中山道《なかせんどう》といった交通ネットワークが発展する。その結果、奈良盆地には寺社と田畑だけが残されることとなり、僧侶や神官、そして農民がおもに住む一地方へとなり、中央から遠ざかることとなった。

しかし、JR、近鉄という交通機関の開通、そして、南阪奈道路、西名阪などの主要幹線の整備によって、近年は爆発的に人口が増加。奈良は突如目ざめることとなる。それまで千年もの間、奈良という貴重な歴史資産を抱えたまま眠っていたのだ。

●奥深い奈良・天川村《てんかわむら》で能が栄えたのはなぜ？

奈良県吉野郡にある天河大弁辨天社《だいべんざいてんしゃ》は芸能の神様・弁財天を祀《まつ》る古社。境内には杉木立の小山があり、その上には本殿に向き合って能舞台が設《しつら》えてある。天河神社として親しまれる同社には芸能の神であることから北島三郎や堂本剛、長渕剛などの芸能人も訪れ、そして、著名な能楽師が舞う。何ゆえ、人里離れた同社に能舞台が設えられ、能楽師の崇敬を集めたのか？

天河神社のある天川村は、２００４年に世界遺産として認定された紀伊山地の三つの霊場、高野、吉野、熊野の中心に位置する。そこは、呪術的な山岳信仰、修験道《しゅげんどう》の聖地。この地に栄えた神楽《かぐら》に触れることで神と一体化し、霊験《れいげん》にあやかることができるとされていた。

室町時代、能の大成者、世阿弥《ぜあみ》は三代将軍・足利義満《あしかがよしみつ》から支持を得ていたが、六代将軍・義教《よしのり》の時代になると状況は一変。嫡男・元雅《もとまさ》とともに能を演じることを禁じられてしまい、父子はやむなく京を離れることに。不遇のなかでも精進《しょうじん》を続けた元雅は、神楽がさかんであった天河神社を訪れた。そして霊験にあやかろうと「唐船《とうせん》」という能を奉納、能面を寄進する。その後、元雅は30代で非業《ひごう》の死を遂げたが、天河神社は能の聖地として位置づけられ、多くの能楽師が訪れ、舞うようになったのだ。

毎年7月の大祭になると能舞台では観世流《かんぜりゅう》の著名な楽師による能が奉納される。また、同社には能面31面、能装束30点と小道具、能楽謡本関係文書などの遺産が残され、能とこの地の並なみならぬつながりを示している。

●「吉野川」か「紀の川」か、正式名はどっち?

川の名前や山の名前は、その地域に住む人たちにわかりさえすれば問題はない。ただ、長い川の場合、複数の県をまたぐこともあるので厄介だ。それぞれの地域の人びとが固有の呼び方をするからだ。

吉野川は全長136キロメートルの一級河川。奈良県の人びとにとっては「吉野川」として親しまれている。しかし、この川が和歌山にさしかかると和歌山県の人びとに「紀の川」と呼ばれる。実際に地図を見ても、奈良県側の上流80キロメートルは「吉野川」と表記され、和歌山県側の下流は「紀の川」と表記されている。

河川に関連する用語のなかに、「水系《すいけい》」という言葉がある。水の流れの系統、つまり川の本流と支流をあわせたものを指す。国土交通省が定める河川法では、川の名前は源流から河口まで、本流だけを水系の名前で呼ぶよう定められている。1965年には政令によって、全国で109の水系が指定された。その際に大台ケ原を源流に、紀伊半島の中央を「吉野川」あるいは「紀の川」として流れ、高見川《たかみがわ》、大和丹生川《やまとにゅうがわ》、紀伊丹生川《きいにゅうがわ》、貴志川《きしがわ》などと合流、紀伊水道《きいすいどう》に注ぐこの水系が「紀の川水系」として指定された。正式にこの川は「紀の川水系の紀の川」と名づけられたわけだ。

この川は、和歌山県のほうが奈良県よりも流域人口や水の利用者数が多いこと、そして治水対策に取り組んできた歴史がある。そうした配慮が、「紀の川」の採用の一因ではないかといわれている。

●宿命的な地形がもたらす奈良「こもりくの初瀬《はつせ》」

三輪山《みわやま》の裾から初瀬川《はせがわ》を車でさかのぼると10分強で長谷寺の参道にさしかかり、門前町らしいお店や町家などが並ぶ。長谷寺は平安時代に貴族、江戸時代に徳川家の崇敬を集めて栄えた古刹《こさつ》。山内には約60名の僧侶が在山、「僧侶の息づく寺」として知られ、深い信仰を漂わせる風土が特徴となっている。

長谷寺のあるこの地域は「泊瀬《はつせ》」と呼ばれている。先の三輪山から長谷寺の途中にある国道165号線から朝倉小学校正門に至る道の端にも、柿本人麻呂による「泊瀬」という言葉を使った万葉歌碑が建立されている。

「こもりくの　泊瀬の山の　山の際《ま》に　いさよふ雲は　妹《いも》にかもあらむ」

「泊瀬の山やまの辺りにいつまでも去りやらずにいる雲は、恋人の変わった姿（火葬の煙）でもあろうか」という意味の挽歌だ。この歌からは、古代の泊瀬が葬送の地であったことが示されている。さらに、この歌のほかにも泊瀬という地名が幾多も出てくるのだが、それらの多くには「こもりく」という枕詞が使われている。

「こもりく」は「隠国《こもりく》」と記す。三輪山との位置関係から見て、神が隠《こ》もる国を示しているといわれ、三輪山の奥之院と考える説もある。大和川の上流となる初瀬川だが、急流が流れる渓谷がもたらす地形から、「初瀬流れ」と呼ばれ、清流がときには牙をむき、荒れ、深刻な水害の元となったという。そうした畏《おそ》れからも、神が宿る聖地として位置づけられたのかもしれない。

●JR奈良駅と近鉄奈良駅はなぜ離れている？

JR奈良駅と近鉄奈良駅は同じ駅名にもかかわらず、徒歩で10分ほどの距離がある。なぜ、両駅はこんなに離れてつくられたのか？　これにはじつは、オトナの事情がある。

最初に駅を敷設したのはJR奈良駅。1892年、今でいうJR大和路線《やまとじせん》が開通。当時は大阪鉄道という私鉄だった。よって、近鉄は後発であり、現在の奈良線、つまり上本町―奈良間が開通したのは22年後の1914年。しかも、近鉄の駅敷設は困難を極めた。先に開通したJR大和路線は生駒《いこま》山を避けて迂回するルートをとっていたが、近鉄は大阪と奈良を東西に結ぶルートを検討した。それが許可されたのが明治末期だった。

JR奈良駅付近の三条町24番地に近鉄（当時は大阪電気軌道）の奈良駅のために用地買収に着手したが、これが手こずった。目的の土地は確保できず、やむなく東向中町、現在の近鉄奈良駅の地に予定を変更したという。

いよいよ、敷設か、と思いきや、奈良公園の景観を損なうと地元議員、市議会による反対に遭い、座礁した。ところが一発逆転、奈良県側は意外にも敷設計画を支持。大正天皇の即位に関する式典を行なう際に、三条通の拡張を望むという背景があったのだ。そこで県側は「三条通の道路を拡張してくれるなら鉄道の敷設を許可する」と政府に条件を出した。そうした奈良県の事情に巻き込まれながらも、近鉄の奈良への敷設が許可され、東向中町に落ち着いた。これが、奈良近鉄駅となったのだ。

●平城宮跡のなかを電車が走る奈良　誰も反対しなかったの？

奈良に向かう近鉄奈良線の電車が大和西大寺駅を出てしばらくすると、車窓には壮大な歴史パノラマが広がる。まず、右手に艶《あで》やかな朱塗りの朱雀門《すざくもん》が現れ、ほどなく左手に荘厳な大極殿《だいごくでん》が現れる。復元された建築物のほかは遺構と緑の空間だ。同時に、かすかな罪悪感が。「こんな貴重な史跡のなかを電車で横切っていいのだろうか？」。

８世紀の末、都が平安京に移ると、平城京は歴史の表舞台から姿を消す。平城京もしだいに土中に埋もれて眠りにつく。そんな平城京の遺跡研究が始まったのは江戸の頃だった。明治の終わりには、関野貞《せきのただし》が大極殿の遺構を確認、奈良時代の都の姿がしだいに明らかになる。その成果を新聞で見た棚田嘉十郎《たなだかじゅうろう》という一市民が大極殿跡の保存に力を注ぎ、１９１０年には平城京の大極殿跡にて平城京遷都千二百年祭と地鎮祭《じちんさい》を行なったという。

いっぽう、近鉄の前身となる大阪電気軌道が線路の敷設のために用地買収を行なったのは、その４年前のこと。宮跡保存のための規制がなかったのだ。よって、線路は平城京跡を横切る形で１９１４年に開通する。

ただ、当初は大和西大寺駅から東へ直進する予定だったが、棚田嘉十郎による運動の影響もあり、大極殿をよけるようにルートを変更することになった。壮大な平城京の敷地をゆったりと弧を描いて走る状況はロマンチックだが、その背景には平城京保存の事情があったのだ。

●奈良のお土産、柿の葉寿司が生まれた地理的背景

柿の葉寿司といえば、奈良県吉野郡や五條市方面の土産だ。一口サイズの酢飯《すめし》の上に酢にひたした鯖の切り身を載せ、柿の葉で包んで押しをかけた寿司。柿の葉は全国有数の柿の産地、西吉野から五條にかけてのものを使用。しかし、奈良県は内陸県であり、鯖を獲《と》ることはできない。

江戸時代の中頃に生まれたといわれる柿の葉寿司、その材料となる海の幸たる鯖を塩漬けにして届けたのは紀州藩《きしゅうはん》（和歌山）の漁師だった。当時、重税に苦しんでいた漁師が考えたのは、地理的に紀州から比較的近くに住む裕福な吉野の人びとに、熊野灘で獲れた鯖を塩漬けにして売りに行くことだった。

現在のように、物流インフラや冷蔵設備のない時代、遠方から届けられる海産物は、吉野など山里の人びとにとって大変貴重だった。そうした貴重な塩鯖と五條、西吉野で大きく育った防腐効果がある柿の若葉が出合い、柿の葉寿司が生まれた。当初の柿の葉寿司は、塩鯖をごはんと桶に入れて漬け込み、発酵させる鮒寿司《ふなずし》のようなスタイル。現代の押し寿司になったのは食酢《しょくず》ができてからだという。

柿の若葉が育つ夏の頃から、柿の葉が赤く色づく晩秋にかけ、各家庭では夏祭りや秋祭りなど特別な日にごちそうとして食べるために柿の葉寿司はつくられた。さらに、

大和南部の大峰山には多くの人びとが参拝にやってくる。そこで、保存ができて携帯性がよいと、街道を行く旅人にも売られ、評判を呼び、広く知られるようになった。

●奈良、東向商店街《ひがしむきしょうてんがい》にある段差と興福寺の関係

地下にある近鉄奈良駅の東側から地上に上がると、登大路《のぼりおおじ》から三条通までを結ぶ東向商店街に出る。この商店街を南に下り、しばらく歩くと商店街の左側、つまり東側に微妙に段差があることに気づくはずだ。時折のぞかせる東側の路地には坂があり、商店の入り口には段差が見られる。逆に西側の路地は微妙に低くなっている。しばらく歩くと東側に幼稚園に続く階段がある。その脇からは、切り立った断崖を見ることができる。

つまり、商店街に沿って東側には断崖が続き、一帯が高台になっているのだ。この断崖は巨大地震によって発生した奈良盆地の断層によってできたが、高台の上に建っているのは1300年の歴史をもつ興福寺だ。

710年に興福寺をこの地に建てたのは、同寺を氏寺とする藤原不比等《ふじわらのふひと》だ。段差や傾斜の上に伽藍《がらん》を築くことで、興福寺の権威を表したといわれている。先の商店街の名は東向商店街だが、この商店街は特徴がある。戦国時代まで、興福寺側、つまり東

側に店は建っていなかったのだ。それは、興福寺に背を向ける店をつくることが許されなかったことを意味しており、ここでも藤原氏の権力が見てとれる。よって、商店は東を向くということから東向商店街と名づけられた。

また、高台にある興福寺は見晴らし抜群であり、平城京をも見下ろすことができた。ここには、帝さえも見下ろす位置に菩提寺《ぼだいじ》を建立した藤原不比等の無言の圧力があり、圧倒的な存在感が地形のなかに示されているのだ。

●なぜ奈良の正倉院《しょうそういん》の宝物は盗まれなかったか？

正倉院は8世紀の中頃、東大寺大仏殿の北西に東大寺の正倉として建てられたもの。南中北の三倉に分かれ、聖武天皇《しょうむてんのう》の遺品をはじめ、東西文化交流の様子を示すさまざまな宝物が収められている。宝物は現在、確認されているだけで約9000点、それらが1200年以上の年月を経ても盗まれず、良好な保存状態で今に伝えることができたのは奇跡といえよう。

保存状態については、みだりに開封されず、手厚く保護されてきたこと、そして床下の高い構造が宝物の湿損や虫害を防いだことが大きいといわれている。では、それらが盗まれなかった理由とは？

一つには、794年に都が平安京に移され、都としての存在感を失った奈良は歴史の表舞台から姿を消してしまい、平安時代から千年もの間忘れさられていたことが原因といわれている。人びとや物資の流れは淀川や東海道、中山道、あるいは海運ルートであり、奈良はどれからも外れてしまい、盗まれるリスクは極めて低かった。

それでも、宝物を狙う者はいただろう。世界の例を見ても、歴史遺産は盗まれるのが常とされる。では、正倉院の宝物を守りきった守護神とは？　それは、迷路のように込み入った奈良の町並みだという説がある。狭い路地は迷路のようにひしめき、住人たちの目が光っていた。盗賊が正倉院の宝物を奪うには、リスクが高い地形となっていたのだ。

●立ち往生者続出の「暗峠《くらがりとうげ》」　かつては鑑真《がんじん》も通った主要道!?

大阪と奈良の県境生駒山の山頂近くに「暗峠」という名の峠がある。奈良と大阪を結ぶ国道308号「暗越《くらがりごえ》奈良街道」の最高所で、標高は455メートルほどと高くないが、急すぎる勾配と曲がりくねった細い道の難所として知られる。勾配は最大37パーセントとも、43パーセントともいわれ、上ろうとした自転車やオートバイ、クルマまでもが立ち往生するほど。あまりの急勾配から「国道」ならぬ、「酷道」だといわれている。この暗峠、昨日今日にできた道ではない。古くから歴史とともに生き続けてきた道だ。暗峠の誕生は奈良時代。奈良の都と難波津を結ぶ最短ルートとして機能した。海路で難波津に着いた人や物は、船で大和川を上って都へ向かった。いっぽう、陸路では暗峠を越えて都を目指したのだ。5度の渡航に失敗後、6度目の挑戦で753年に日本にたどり着いた唐の僧・鑑真は、その翌年暗峠を越えて平城京に入ったとされる。また遣唐使の一行も暗峠を通って難波津へ行き、そこから唐を目指すなど、貴人や賓客も通る主要道だったのだ。

江戸時代、暗峠は伊勢参りの人びとに利用された。また大和郡山藩の参勤交代路にも組み込まれており、同藩が敷いた石畳が今も残っている。また井原西鶴《いはらさいかく》の『世間胸算用《せけんむなさんよう》』や国学者・本居宣長《もとおりのりなが》の『古事記伝』にも登場するなど、全国にその名がとどろいていた。多くの人や物が行き交い、20軒近くの茶屋や旅籠《はたご》が建ち並んだ暗峠。この「酷道」は、人びとに愛される国の主要道だったのだ。

●御神体が山だから手を加えない奈良の春日大社

平城京遷都後、興福寺と同様、藤原氏により創建され、氏神として栄えたと伝えられる春日大社。創建以来、春日山原生林のなかに鎮座し、朱の柱、白い壁、檜皮葺《ひわだぶ》き屋根《やね》の本殿・社殿が秀麗な姿をとどめている。特徴的なのは、春日大社が本殿東側の御蓋山《みかさやま》（２９７メートル）を神体山としていることだ。

御祭神は春日神という四柱の神であり、その第一殿には武甕槌命《タケミカヅチノミコト》、第二殿に経津主命《フツヌシノミコト》、第三殿に天児屋根命《アメノコヤネノミコト》、第四殿に比売神《ヒメガミ》が祀《まつ》られている。四柱の御祭神は同じ大きさ、様式の本殿に祀られ、１列に並んで建てられている。本殿の屋根は曲線を描いて反り、正面にだけ大きな庇《ひさし》をつけた「春日造」と呼ばれる建築様式だ。位置を変えず、20年に一度、社殿の一部をつくり替え、修繕をする「式年造替《しきねんぞうたい》」が行なわれている。

注目すべきは国宝である春日大社のご本殿の並び方だ。御蓋山の中腹にある傾斜地なので、御本殿は段差をもって建ててあり、高さも向かって右から順番に低くなっているのがはっきりわかるのだ。

２０１８年には創建１２５０年を迎えた春日大社だが、今まで一度も傾斜を整地することはなかった。その理由は、御蓋山が神体山であり、国宝となる本殿一帯は、地面を含めて神聖なる地域であることから、人間の手を加えることはできないと考えたからだ。自然が象《かたど》る地形に逆らわず、傾斜もそのままに本殿を建てる。そこに、自然と神に対する無言のメッセージが込められていた。

●奈良の「山辺の道《やまのべみち》」は「水辺の道」だった？

「山辺の道」とは春日山の麓から奈良盆地の東に連なる小高い山やまの裾に沿って南下し三輪山の麓まで続く大和の古代道路の一つ。全長35キロメートルの古道の周囲には古寺社や古墳などが点在し、四季折おりの趣があって美しく、「美しい日本の歩きたくなるみち500選」にも選ばれている。とくに大神神社《おおみわじんじゃ》から石上神宮《いそのかみ》までの15キロメートルのルートは、三輪山を仰ぎながら、西方に広がる奈良盆地と大和三山や二上山、はるか先に葛城山《かつらぎざん》、金剛山《こんごうざん》にまみえる散策道だ。

古道は「山辺の道」の名にふさわしく、山間の道を縫うように南北に通ずる。現在は、神《かん》さびた小道もあれば、アスファルト道を歩くこともあるが、気になるのが起伏に富み、曲がりくねっていること。大和王権時代の主要幹線道路だったというが、それにもかかわらず効率的なルートという印象はない。なぜなら山辺の道は、集落と集落を結ぶ、自然発生的にできあがった日本最古の道だったからなのだ。

大和盆地は沼や湿地が点在していた。人びとはこれらを避けるために山裾をくねり、丘を上り、曲がりくねったルートを歩かなければならなかった。また、大和湖という巨大な湖の存在がささやかれている。河内湖が存在したように、奈良盆地の一部、あるいは多くが水の底だったというのだ。その際、山辺の道は東の際《きわ》にあったことから、湖岸線として発達したわけだ。そう考えれば今のような曲がりくねった道となったのもわかる。

【京都府】

●伏見の酒はなぜうまい？ 扇状地と伏流水が生む名酒

京都盆地の南部にある伏見は酒の街だ。１６３７年に月桂冠が創業するなど、古くからおいしい酒がつくられる里として名高い。江戸時代初期には酒蔵は80軒を超え、現在でも20軒ほどがある。日本全国銘酒どころは数あれど、なぜ伏見の酒がうまいのか、地形的に見ていこう。

京都の盆地には桂川、鴨川、宇治川などの流れがそれぞれの扇状地をつくり、ちょうど伏見の辺りで合流する。扇状地の端に位置していることが、うまい酒の源だ。「伏水《ふしみ》」とも称されることのある伏見では、川の水が一度砂礫《されき》層に潜りふたたび地表に現れる伏流水《ふくりゅうすい》が豊富に湧く。京都盆地に染み込んだ水が盆地の底で湧き出すわけだ。伏見で湧く水はミネラルを多く含んだ中程度の硬水だ。これは、やや長い時間をかけて水が湧くため。この中硬水が清酒づくりに適している。そのため、多くの蔵元がおいしい日本酒をつくるために伏見に集まってきた。

逆に豆腐や京友禅をつくるためには軟水を使うほうが適している。豆腐店が東山に、京友禅の店舗が京都の北西部に集中しているのも、この軟水を利用するために集まってきたからだ。ミネラルが溶け込む前に水が湧き出す地点では軟水が湧くのだ。

昔の職人たちは水分に含まれるミネラルを測る機械がなかったとしても、経験でおいしい日本酒がつくれる水どころを探し出した。恐るべし食への探究心。そしてこうした伝統産業にも地形は関わっているのだ。

●斜面につくられた京都・伏見城《ふしみじょう》の城下町

秀吉といえば大坂城、というイメージをもつ人が多いかもしれない。しかし、晩年の秀吉は京都市の南に位置する伏見城とその城下町を、大坂と京都とを結ぶ要衝の地とし、首都さながらの構想をもって工事に取り組んだ。伏見の町並みには、そうした秀吉の情熱と野心が地形として残されているのだ。

ただし、この地に都を建設する際に根本的な問題があった。見晴らしのよい高台に築く伏見城に対し、城下町とすべき平野部は低湿地で人が住める状態ではなかった。

高台と平野部の間の土地は斜面が続き、町づくりには不向きだった。ふつうの大名であれば諦めるところだが、秀吉は意地を見せた。なんと、城郭の西の丘陵斜面に大名屋敷街を、その下手の緩傾斜地に商工業地帯の町屋街を整備、壮大な城下町をつくり上げたのだ。

実際に伏見の町を城に向かって歩くとわかるのだが、交差する通りを見ると、無理に直線でつくっているので道が上下にうねっている。地形に沿って道をつくるとすれば、通常は等高線に沿ってつくるので、道は左右にうねる。自然に逆らってまで直線で道をつくったところに、豊臣秀吉の天下人としてのこだわりがあった。

また、城下町の傾斜地の途中にはときおり、大きな段差が見られる。これは、大名屋敷の跡で、広い敷地を確保すればするほど大きな段差を造成しなくてはならなかった。この地にこだわり、直線に執着した理由は何だったのだろう。秀吉のみぞ知る、である。

●大阪平野だけではなく京都もかつては海だった!?

本書では古代、大阪平野が「海であった」というトピックスを紹介しているが、それは1万年以前のこと。およそ100万年前は京都もかつては海だったという。

近畿地方と東海地方の西側の地下には、かつて湖として存在した「東海湖盆《とうかいこぼん》」「古琵琶湖盆《こびわこぼん》」「大阪湖盆《おおさかこぼん》」という巨大な地形が三つ並んでいる。これらを湖盆と呼ぶのは、海に堆積した地層が存在せず、湖に堆積した砂や泥がたまった盆地だからだ。そのなかで最も新しく、約300万年前の鮮新世《せんしんせい》末以降に堆積した湖盆が、西側にある「大阪湖盆」で、その範囲は大阪平野周辺、京都盆地、奈良盆地にまでおよんでいる。

大阪湖盆はほかの二つの湖盆と同じように鮮新世末以降から前期更新世《こうしんせい》までは海の水が入らない内陸の堆積盆地《たいせきぼんち》だった。しかし、130万年前頃、四国や紀伊半島辺りの地形が変化し、紀伊水道や紀淡海峡ができたことで、海が入ってくるようになった。ただ、ずっと海だったわけではなく、氷河期の影響で、数十万年から1万年の周期で陸となり、海となるという状況が14回もくり返された。地学では海であった時代の、こうした地層を「海成層」と呼び、Ma1～Ma13までの層で表すが、京都盆地でもこの地層が発見されたのだ。

発見されたのはMa2～Ma6まで5枚の海成粘土層で、5回、京都が海だった時代があったことを示している。京都まで海につかっていたとは、地球のダイナミズムにはつくづく驚かされる。

●京都の奥座敷「天橋立」はなぜできた？

京都府北部、若狭湾の西側の宮津湾。そののどかな湾内で、細長い白砂青松《はくしゃせいしょう》の砂嘴《さし》が、湾の北岸の江尻と南岸の文珠《もんじゅ》を優美なラインでつないでいる。松島・宮島とともに日本三景の一つに数えられる「天橋立」だ。

江戸時代の儒学者林羅山《はやしらざん》の子、林春斎《はやししゅんさい》が１６４３年に「三処奇観たり」と『日本国《にほんこく》事跡考《じせきこう》』に記したことが日本三景のいわれの起源となる。天橋立は全長３・６キロメートル、幅20〜１７０メートルの砂嘴で約８０００本もの松が茂っている。北岸の成《なり》相山《あいさん》・傘松公園《かさまつこうえん》からの眺望はすばらしく、その形が天への架け橋のように見えることから「天橋立」と呼ばれた。天橋立を眺めるときは、逆を向いて股の間から見る「股のぞき」が恒例だ。海と空が逆さになり、天に架かる橋のような風景が広がり、多くの観光客が感嘆の声をあげる。この風光明媚な名勝はどのようにしてできたのか？

この地形ができ始めたのは４０００年前頃といわれている。天橋立の西側を阿蘇海《あそかい》と呼ぶが、そこに注ぐ野田川の水流が土砂を沖に運ぶ。いっぽう、対馬海峡から天橋立の北東の宮津湾に入る潮流も土砂を運んでくる。そうして川の流れと潮流がぶつかったことで、まっすぐに土砂が海中に堆積してできたといわれる。

現状の形になったのは、２００年ほど前。室町時代以降、丹後半島で森林伐採が顕著となり、海へ流れる土砂が増えたことも影響していると考えられている。

●昔の鴨川の範囲を示す京都・四条大和大路の高低差

「賀茂河の水・双六の賽《さい》・山法師、是《これ》ぞわが心にかなはぬもの」と、『平家物語』で思いどおりにならない三つのものの第一に鴨川の水をあげたのは白河《しらかわ》法皇だった。鴨川は京の人びとの暮らしに密接に関わってきたが、その氾濫はつねに悩みの種だった。

すり鉢状に深く掘られ、濁流にもびくともしない現在の鴨川と違い、当時は川底は浅く、水かさが増すと簡単に洪水になる構造だった。地形も今と異なり、堤防の位置はまったく別の場所にある。西は高瀬川《たかせがわ》をはるかに越え、河原町通辺り、東は南座を越えて大和大路通辺りだった。

したがって、その河原は今よりもはるかに広い範囲を占めていた。かつて、河原には店や芝居小屋が建ち並び、観阿弥《かんあみ》・世阿弥《ぜあみ》父子による能楽や歌舞伎など、多くの優れた文化が生まれる土壌でもあった。現在の鴨川には、そうした店や芝居小屋が並ぶ空間は存在しないが、かつての鴨川は川幅が広く、川の中央には中州が存在し、人びとはそこに集った。

五雲亭貞秀《ごうんていさだひで》による江戸末期の浮世絵『皇都祇園祭礼四条河原之涼《こうとぎおんさいれいしじょうかわらのすずみ》』には、よしず張りの小屋が建てられ、人びとが演芸に興ずる様子が描かれ、当時の鴨川の中州の様子を伝えている。また、河原町から四条大橋を渡り、南座の前を過ぎて大和大路通との交差点を越える辺りからふり返ると、交差点の中央部分が隆起していることに気づくはず。その高低差は堤防の跡であり、かつての鴨川の範囲を静かに伝えているのだ。

●段差と裏口が教えてくれる京都・祇園の変遷

祇園の中心を通る花見小路通《はなみこうじどおり》は京都の観光名所のなかで最も古都らしく、そして洗練されたたたずまいが見られるスポットだ。と同時に、祇園の性格や歴史を垣間見させるような地形も、花見小路通には残っている。

まず、一つは花見小路通の1本西にある西花見小路の辻を西に少し進んだ辺り。ここから花見小路を眺めると段差が見える。祇園の中心に向かって少しずつ高くなり、地面が盛り上がっているのだ。その境界線を境に、石畳と茶屋の空間と、アスファルトと現代の建物とに分けられている。

そもそも、祇園を含む四条通以南は建仁寺《けんにんじ》の寺地だった。1873年に明治政府が出した土地没収の命令によって境内の北半分が没収されてしまう。そこに、なんと現在の祇園の街の元となる花街がやってきたのだ。

花街はもともと京の町の中心寄りに存在したが、明治維新後、艶《あで》やかな要素を携える街の機能を外部に移転させるという動きがあったのだ。その移転先というのが先の建仁寺から没収した土地だったが、ここが鴨川に隣接する湿地帯だった。鬱蒼《うっそう》と竹藪が茂るこの地に盛り土を行なって大規模な整備をした。そのなごりが、花見小路通側の段差なのだ。

また、祇園の西の際《きわ》となる通りを、永源庵通というが、この通りの建物には地盤造成工事の跡と見られる段差が延々と続く。しかも、建物の正面は祇園方面に向いているのでどの建物も裏口を見せている。まさに、祇園の変遷の跡が残っているのだ。

●3メートル級の段差に残る京都・聚楽第《じゅらくてい》の跡

「聚楽第」とは豊臣秀吉が平安宮の跡に造営した城郭風の邸宅。着工1年半のスピードで建設され、1587年に完成。

跡取りがいなかった秀吉は聚楽第を建造したのちに、甥の秀次《ひでつぐ》を関白に就任させ、聚楽第をゆずった。しかし、実子ができると秀吉は秀次を自害に追いやり、亡き秀次の忌まわしい城となった聚楽第を1595年、わずか8年で完全に取り壊してしまう。

歴史ファンの間ではよく知られている聚楽第だが、遺構が確認できないことから、実体がつかめない、幻の城郭とされている。

ただ、聚楽第が存在したことは事実であり、遺構の大方の場所は特定されている。北は元誓願寺通《もとせいがんじどおり》、東は堀川通、南は押小路通《おしこうじどおり》、西は千本通を外郭とし、本丸を中心に北ノ丸、南二ノ丸、西ノ丸の曲輪《くるわ》を内郭に築いた。徹底的に破壊されたことから、遺構も定かではないが、発掘調査によって、跡地とされる場所からは石垣や金箔瓦《きんぱくがわら》が出土。さらに、聚楽第の遺構とされる市街地には段差や凹地が残され、幻の城の輪郭を見せている。

なかでも顕著なのが、一条通と智恵光院通の交差点の東の遺構跡と見られる高さ3メートルの段差。現在、マンションや町屋が並ぶが、段差は150メートルも続くのだ。この地形は位置的に考えると聚楽第北の丸の北堀跡だと思われる。こうして、地形を手がかりに遺構を訪ねることで、復元された立派な城郭とは違った、歴史の手触りを感じることができるのだ。

●京都・聚楽第堀跡から生まれたゴボウ

京の伝統野菜の一つ、堀川ゴボウの特徴は木の枝と見間違えるほどの太さにある。5センチから太いものでは9センチ、サイズでは1キロにもなる極太サイズだ。中心は空洞だが肉質はやわらかく、特有の芳香があり、京都のおせち料理には欠かせず、高級食材として名高い。

そんな堀川ゴボウには、もう一つの呼び名がある。「聚楽ゴボウ」だ。「聚楽」とはかつて豊臣秀吉が現在の京都御所の西側、二条城の北側辺りに造営した城郭風の邸宅「聚楽第」のこと。ところでどうして聚楽ゴボウなのか？

取り壊された聚楽第跡地の状況は江戸時代中期の京都町奉行の役人用手引書『京都《きょうと》御役所向大概覚書《おんやくしょむきたいがいおぼえがき》』が伝えている。跡地は畑や空き地、住宅や堤防のための土《ど》取《と》り場《ば》でもあり、「塵《ちり》捨場」との記載もある。なんと、栄華を誇った聚楽第の遺構の一部がゴミ捨て場と化していたのだ。

聚楽第のいわれを知ってか知らずか、人びとはさまざまなゴミをそこに投棄した。そうして捨てられたゴミのなかに食べ残しのゴボウが捨てられ、それが年を越して大きく育ち、食してみると大変美味だった。ゴミ捨て場となった遺構跡は有機物に富んだ通気性のよい土壌であり、偶然にゴボウが巨大に生長したのだろう。それが、聚楽ゴボウの由来だと伝えられている。現在、聚楽ゴボウ、堀川ゴボウは京都市左京区一乗寺などで生産されている。聚楽第の遺構は時空を超えて、思わぬ恵みを京都の人びとに与えたのだ。

【兵庫県】

●神戸の「100万ドルの夜景」 その美しさの理由とは？

神戸の夜景は「100万ドルの夜景」と賞賛される。その由来はセレブな男性が恋人に宝石なみに輝く夜景をプレゼントする、その価値が100万ドル……と、ロマンチックにとらえるのが一般的だろう。しかし、実際は非常に現金なもので、神戸の夜景をそう呼び始めた当時、街の照明の電気代に換算すると100万ドル相当だったからだという。

宝石にせよ、電気代にせよ、神戸の夜景が多くの人びとをひきつけていることに違いはない。その魅力は一帯の地形によるところが大きい。夜景を堪能するには街を見下ろすための切り立った崖の縁が必要だが、神戸の街を見下ろす夜景の名所、六甲山山頂の高さは標高931メートル。夜景を見下ろす南東側の傾斜は非常に切り立った崖になっている。神戸や函館など、夜景の名所の多くは足下から遠くまで、障害物がなく広い視野が確保されているのだ。

夜景の名所となった六甲の崖だが、これがくせ者だ。神戸の地下には多数の活断層が存在するが、六甲の崖はそうした断層がズレてできたもの。１９９５年の阪神・淡路大震災も六甲の崖となる断層を含む活断層が動いたことで起きたのだ。その結果、１００万ドルの夜景の光源となる街が震災地となった。

神戸の夜景は、復興を遂げ、より多くの輝きを得ることができた。加えて電気代の値上がりのためか、今では神戸の夜景も値上がり、１００万ドルから一桁増え、１０００万ドルと称することが多い。

●砂浜が続くだけの一寒村《いちかんそん》に過ぎなかった神戸

今でこそ、神戸といえば関西で最も洗練された街として知られ、多くの観光客が訪れる大都市だ。しかし、その歴史は意外にもそんなに古くはない。明治の前、神戸《かんべ》は砂浜が続くだけの貧しい村に過ぎなかった。神戸村は、清少納言が「森は生田《いくた》」とたたえた生田神社の労務を行なう人びとが住む小さな集落だった。

当時、この地域で港として栄えていたのは、兵庫津《ひょうごのつ》だった。兵庫津は奈良時代に行基がつくり、平安時代に平清盛が中国の宋《そう》との貿易に使うため修築した大輪田泊《おおわだのとまり》を元とする港だ。その後、江戸時代には名前を兵庫津と変え、西廻り《にしまわり》航路の北前船《きたまえぶね》の発着場として活気づき、２万人の人びとが住んだ。

しかし、状況は幕末から明治維新にかけて激変する。幕府は1858年に日米修好通商条約を締結。神奈川・長崎・新潟・兵庫の開港が取り決められ、港の近隣に居留地を設け、外国人が自由に貿易ができるように定められた。

開港場は兵庫であったが、兵庫の港には居留地の土地を確保する余裕がなく、外国人が住むには治安上の問題もあった。

そこで、白羽の矢が立ったのが神戸村だった。寒村だったが、小さいながら船着き場、そして居留地を設けるための土地もあった。1868年に開港となったのだが、勅許《ちょっきょ》を得たのは開港の半年前で、開港場も居留地の工事も未完成のまま開港。その3日後に事実上幕府は消滅、日本の近代化とシンクロしながら神戸の街は発展を遂げることとなった。

●美味なる神戸の水の秘密は100年前の叡智《えいち》

「神戸の水はおいしく、寄港したときは船に積み込む」「赤道を越えても腐らない」。高い評価で知られる神戸の水。

その理由を一言でいうなれば、「ミネラルが少なく」「流域に汚染源がほとんどなく、有機物が少ないため腐りにくい」からだという。その優れた水質は神戸の地形に由来している。

　神戸の水の水源地が、市街地からそれほど遠くない布引《ぬのびき》という六甲の山間の地にある貯水池《ちょすいいけ》。その最上流部に神戸の水の秘密がある。水質を調べると有機質は十和田湖《とわだこ》、屈斜路湖《くっしゃろこ》並みに少ないという。その理由は、六甲の山の急峻《きゅうしゅん》さにある。水が山の表層を流れて、岩石と接触する時間が短いため、不純物が溶け込みにくいというのだ。問題は洪水時、水が荒れたとき、大量の土砂をどのようにして貯水池に引き込まず水質を保つか。そのために考えられたのは土木的な仕組みだ。水が濁る日はその水を別の水路で逃がし、水道に流さない「分水堰堤《ぶんすいえんてい》」という仕分けシステムで、１９０７年に考えられたという。

　１９０５年、布引渓流の４キロメートルほど西に烏原《からすはら》立《たち》ヶ《が》畑《はた》堰堤《えんてい》がつくられた。この堰堤（ダム）には、土砂対策として上流部の貯水池に水を入れる・入れないを仕分け、入れる水はろ過層を通すことで泥分を減らす、という工夫がされた。布引につくられた分水堰堤・締切堰堤・放水路トンネルの３施設も、このときのノウハウを活かして築かれたものだという。１００年前につくられ、今も現役で活躍するこの設備が神戸の銘水の秘密だったのだ。

【広島県】

●広島県呉市「音戸の瀬戸《おんどのせと》」の潮の流れが速いワケ

平清盛が切り開いたと伝えられる「音戸の瀬戸」は、広島県呉市と瀬戸内海に浮かぶ倉橋島《くらはしじま》との間の海峡だ。東方から広島湾に最短で行けるとあって、古来より瀬戸内航路の要衝とされ、現在も多くの船が行き交うことから「瀬戸内銀座」と呼ばれている。

音戸の瀬戸の特徴に「潮流の速さ」がある。ゴーゴーと渦を巻く潮流は、舟歌に「船頭かわいや　音戸の瀬戸にゃ　一丈五尺の　櫓《ろ》がしわる」と歌われたほど。舟をこぐための長い櫓がたわんでしまうほど速いという意味だ。

潮流の速さの原因は海峡の「幅の狭さ」にある。瀬戸内海は全国でも潮流が速い海域として知られるが、それは狭い海峡が多いから。なかでも音戸の瀬戸の幅はとくに狭い。最も狭いところでは、何と90メートルほどしかないという。

本土側にある「音戸の瀬戸公園」の展望台から「音戸の瀬戸」を望むと、海とは思えない幅の狭さに驚くだろう。同時に、まっ青《さお》な空と海、その間に浮かぶ2本の真紅のアーチの美しい景観に目を奪われる。このアーチは1961年にできた「音戸大橋」と2013年にできた「第二音戸大橋」だ。

二つの橋のおかげで、音戸の瀬戸は車だけでなく徒歩でも渡れるようになった。しかし、狭い海峡を渡る木造の渡し船は市民の足として活躍中だった。時刻表はなく、桟橋に立てば迎えに来てくれていた。片道3分と「日本一短い航路」であることから、観光客にも人気だったが惜しまれつつ、2021年10月に廃止された。

●なぜ、広島はカキ養殖のメッカになったの？

静かな広島湾の島影に浮かぶ「カキ筏《いかだ》」は広島の風物詩ともいえる。この「カキ筏」の下に稚貝《ちがい》のついたワイヤーをつるし、海中でカキを養殖するのだ。

どうやら広島では縄文時代よりカキが食べられていたようだ。三次《みよし》・庄原《しょうばら》地区では、約1600万年前の地層からカキの化石が見つかっている。16世紀頃から養殖が始まり、江戸時代には大坂の淀川にカキ船が出て評判となり「広島のカキ船で一杯飲む」というのが、大坂人の川遊びとしてもてはやされたという。

1950年代には、カキ筏の下にワイヤーをつるす養殖技術が普及。今では、全国総生産量の半数を超える、年間2万トン以上のカキが生産されるまでになった。

広島が全国有数のカキ養殖場になった理由は、広島湾の地形にある。島や岬に囲まれた袋状の地形は、波が静かで、カキ筏を設置するのに都合がよい。また、緑豊かな中国山地を源とする太田川が注ぎ、窒素やリンなどの栄養を含んだ土砂が運ばれてくるため、カキのエサとなるプランクトンがよく育つ。海水の濃度も、太田川の淡水が混ざることで薄まり、カキ養殖に最適な濃度が保たれている。

さらに、カキは夏に水温が高いとたくさん卵を産み、秋に水温が低いと旨味の元になるグリコーゲンを蓄えるが、広島湾の水温は、夏は約25℃と高く、秋は約10℃と低い。これだけの好条件のもとで育った「広島カキ」は、縄文人もびっくりのおいしさなのだ。

●広島県「ホボロ島」を消滅させようとしている真犯人とは!?

海に浮かぶ島が波に削られて小さくなる場合、通常は、年に1ミリ程度ずつ、長い年月をかけて小さくなっていく。ところが、広島県東広島市安芸津町の沖合に浮かぶ「ホボロ島」は、年に数十センチというハイスピードで、どんどん小さくなっているという。

ホボロ島は東西約90メートル、南北約35メートルの小さな島だ。「ホボロ」とは、この地方で使われる竹籠《たけかご》のこと。その籠を逆さまにしたように盛り上がっていたことから名づけられたが、だんだん小さくなるため、地元でも不思議がられていたという。確かに約50年前の写真では「島」だとわかるが、現在は「岩」といったほうが近い。いったい、ホボロ島で何が起きているのだろうか？

その謎を解き明かすべく、2006年、当時の広島大学の名誉教授らが調査に入った。その結果、驚きの事実が判明。島を侵食していた真犯人は「ナナツバコツブムシ」という、ダンゴ虫に似た小さな虫だったのだ。

彼らは島で大繁殖し、頑丈なアゴで岩肌をガリガリ砕いて、無数の巣穴を空けていた。直径約1センチメートルの巣穴が、波の侵食作用で広がり、別の巣穴とつながると空洞ができる。空洞が上部の岩を支えきれなくなると崩壊する。そんな虫食いと波の侵食のダブル作用で、島が小さくなっていたのだ。

このままいけば、ホボロ島は100年後には完全消滅するそうだ。恵まれた環境をみずから破壊するナナツバコツブムシたちの姿は、地球に暮らす私たち人類にもどこか重なる。

●広島県葦嶽山《あしたけ》が「日本のピラミッド」といわれるのはなぜ？

広島県庄原市の東部、本村町《ほんむらちょう》に位置する標高815メートルの葦嶽山は「日本のピラミッド」と呼ばれている。その山容を写真で見ると、きれいな三角形をしているものの、ピラミッドには見えない。ではなぜ、葦嶽山は「日本のピラミッド」と呼ばれているのだろうか？

ことの起こりは1934年、ピラミッド研究家として葦嶽山を調査していた酒井勝軍《さかいかつとき》氏が「葦嶽山はピラミッドである」と発表したことにある。その根拠は「三角形であること」だけではなかった。

なんでも、酒井氏は、葦嶽山の山頂に「太陽石」と、その周りを囲う磐境《いわさか》（祭壇）を発掘したそうだ。また、尾根続きの鬼叫山《ききょうざん》には人工物とおぼしき巨石が多数あり、それらは供物を神に捧げる「ドルメン（供物台《くもつだい》）」や、光を反射させ通信を行なう「鏡岩《かがみいわ》」、岩の切れ目が方角を示す「方位石」とのこと。

古代人は葦嶽山を本殿、尾根続きの鬼叫山を拝殿として儀式を行なっていたとし、これらを葦嶽山がピラミッドである証拠としたのだ。酒井氏いわく、葦嶽山の「太陽石」と「磐境」は、発掘後に「国家権力によって破壊されてしまった」そうだ。

ここまでくると、さすがにトンデモ臭いが、鬼叫山の巨石群は実際に存在し、今では地元の名所にもなっている。古代エジプトのピラミッドのように「何の目的でつくられたかはっきりしないもの」が人びとの興味をかきたてることは間違いない。

●「島」ではないのになぜ「広島」なの？

広島は「島」ではないのに「島」がつくのはなぜだろうか？　じつは、現在の広島城周辺の市街地は、古代にはそのほとんどが海中にあり、１４００年頃には、一帯に三角州が複数形成されていたといわれている。

三角州とは、河川の上流から流れてきた土砂が堆積することによって形成される地形のこと。太田川の堆積作用によって形成された三角州が、まるで海に浮かぶ島じまのように見えていたのだ。

そんな「島」のように見える三角州の一つに城を建てたのが、豊臣政権五大老のひとり、毛利輝元《てるもと》だ。もともと、輝元は、山間部にある吉田郡山城《よしだこおりやまじょう》（安芸高田市《あきたかたし》）を居城としていた。しかし、豊臣秀吉の建てた大坂城や聚楽第を訪れた際に、城下町と一体化した城の必要性を感じ、築城場所を配下の者に検分させる。そうして、三角州の島じまのなかから「最も広い島地」である場所に広島城の築城を決めたという。この逸話が、諸説ある「広島」の名の由来の一つになっているのだ。

1589年の広島城築城開始をきっかけに、広島は城下町として西国一のにぎわいを見せる。その頃から太田川下流域の干拓が進められ、さらに明治以降、中小河川が埋め立てられて現在の広島の地形が形成されていった。

しかし、1945年の原爆投下を受け、広島市街地は草木1本生えないほどのダメージを受けてしまう。その後、人びとの努力によって復興し、三角州から始まった広島は、現在の120万人都市へと発展したのだ。

●広島の「雄橋《おんばし》」はどうやってつくられたの？

「橋」といえば、人間の手でつくられた人工の構築物のことだ。だが、広島県北東部に位置する峡谷《きょうこく》、帝釈峡《たいしゃくきょう》には、人力ではつくりえない「神の橋」がある。

神の橋と称されるのは帝釈川にかかる「雄橋」。現在は渡ることはできないが、昭和初期までは橋として利用されていた石橋だ。

雄橋の大きさは全長90メートル、幅18メートル、厚さ24メートル。巨大な岩が見事な弧を描き、下には清流がせせらぐ。その神秘的なたたずまいから、この橋を架けたのは「神様」か「鬼」だといわれてきたそうだ。

実際、雄橋をつくったのは人間ではない。帝釈峡の地層は、約3億6000万年前から2億5000万年前頃に海底でつくられた、おもに石灰岩《せっかいがん》から成る地層だ。よって水によって削られやすい。そうした土地が、帝釈川とその伏流による侵食を受け、鍾乳洞が形成される。やがて、その鍾乳洞も、天井部が侵食されるにつれ崩壊していき、雄橋の部分だけが残ったのだという。

帝釈峡の地層と帝釈川がつくり出した雄橋は、北アメリカのロックブリッジ郡のナチュラル・ブリッジ、スイスのプレビシュと並ぶ「世界三大天然橋」の一つに数えられている。もちろん、わが国の天然記念物でもある。

帝釈峡には、雄橋のように、侵食された石灰岩によって生まれた景勝が多くある。鍾乳洞の「白雲洞《はくうんどう》」、サンゴの化石が見られる「断魚渓《だんぎょけい》」など自然がつくり出す雄大な景観は見る者に「神の力」を感じさせる。

●広島の「スカイレール」はなぜみどり坂団地にある？

広島市安芸区《あきく》の丘陵地にあるニュータウン、みどり坂団地へはJR瀬野駅から「スカイレール」で行くことができる。1998年に総工費約62億円をかけて敷設されたスカイレールは、懸垂式《けんすいしき》のモノレール車両を、駅間ではワイヤロープによって、駅構内ではリニアモーターによって駆動し運転するという。いわば、モノレールとロープウェイを組みあわせた、世界的にも珍しい乗り物だ。

だが、瀬野駅から団地までは、わずか2キロメートルほど。そんな短い距離に、コストをかけてまで導入したのはなぜだろうか？

その理由は、みどり坂団地と瀬野駅の高低差が約190メートルもあったから。急な坂道を上り下りするのは大変なため、ロープウェイやケーブルカーの導入が検討された。

しかし、ロープウェイは風に弱く、直線状にしか設けることができない。かといってケーブルカーは、線路を敷くための土地を確保するのが難しい。その点、スカイレールは、車輪が鋼鉄製の軌道桁《きどうけた》を挟むように支えているため風に強く、線路を敷く必要もない。もちろん、急勾配を上る能力も十分だった。実際に、スカイレールは、ケーブルカー以外の鉄軌道では日本一の急勾配を誇る。

そうしてスカイレールは、子供から大人まで、多くの人の通勤・通学に利用されるようになった。一時はラッシュ時に「小学生専用列車」まであったそうだ。団地内に小学校ができたことで専用車両はなくなったが、今も市民の足として利用されているが、赤字が重なり、残念ながら2024年4月には廃止の予定である。

●海猿の「200階段」を生んだ急傾斜に住宅街がつくられたワケ

広島県呉市両城《りょうじょう》地区の住宅街には「200階段」と呼ばれる階段がある。急傾斜に密集して建てられた家々の間を縫うように延びる階段は、名前のとおり200段以上。きつい高低差をくねくねと曲がりながら上りきり、振り返ると、眼下には呉の町並みが広がる。

この「200階段」は、映画『海猿《ウミザル》』で、潜水士を目指す海猿たちが酸素ボンベを抱えて階段を駆け上がる訓練のシーンに登場し、ちょっとした観光地になっている。だが、住民にとってはれっきとした生活道路。階段でしかアクセスできない民家もたくさんある。そもそも、なぜ、こんな上り下りが大変な急傾斜地に住宅街をつくったのだろうか？

ことの起こりは1889年、呉鎮守府《くれちんじゅふ》の開庁に伴い、漁村だった呉は急速に発展。人口も急増し、第二次世界大戦末期には40万人を超えていたという。

だが、三方を山に囲まれた呉市。海に面した平野部は軍の施設に利用されていたため、新たに移住してきた海軍関係者や職工の居住場所は高地に広げるしかない。

そこで、山裾で急傾斜地が多くある両城地区の地形を利用して家を建てていった。密集する家々が階段状に見えるため、「階段住宅」と呼ばれるようになったそうだ。

いわば土地不足による苦肉の策が生んだ階段住宅も、高地に建てられていたことで、その後の戦災を免れた。そうして、200階段とともに、戦争の歴史を感じる町並みとして今も残されているのだ。

【山口県】

●海のミラクル！　山口県萩市《はぎし》の明神池《みょうじんいけ》

山口県萩市の北東部の海岸から日本海に突き出している笠山《かさやま》。かつては島だったが、陸地との間に砂が堆積し、現在のように砂州《さす》が形成され陸続きになった。その砂州のなかに、「明神池」という池がある。ほとりに弁財天が祀られ、観光名所として知られる穏やかな池だが、「長門国《ながとのくに》七不思議」の一つに数えられる、ちょっとしたミラクルがある。

売店には池の魚のためのエサが売られている。それを細かくちぎって、池に投げ入れると、魚も慣れている様子で、あっという間に群れとなる。フナかコイだろう？とたかをくくっていると、なんとボラがガバッと現れてエサを食べる。驚いているとタイも出現。さらに、池の先を眺めるとエイが泳いでいる。

海から離れた明神池だが、地下では溶岩の隙間を通して外海とつながっているのだ。海水が入り込んでおり、潮の干満も見られるという。地元の漁師が豊漁と安全を祈願して魚を奉納、それが繁殖して天然の水族館となった。マダイ、スズキ、ボラ、メバル、イサキ、カワハギ、フグ、エイなど、池のなかには約20種類もの近海の魚が泳いでいるのだ。

こうしたミラクルが全国に知られ、1924年には国の天然記念物にも指定された。春にはクロダイ、メジナ、イナ、コノシロなど池で孵化《ふか》した稚魚が池の周囲に集まり、水面には日本海岸における唯一の産地で、明神池を分布北限とするシオアメンボが見られる。さまざまな神秘がこの池には凝縮されているのだ。

●龍が天に昇るよう？　山口県北部の龍宮の潮吹

山口県北部には日本海沿岸部のほぼ全域を占める北長門海岸国定公園《きたながとかいがんこくていこうえん》がある。東は萩市の須佐湾《すさわん》から西は長門市油谷《ながとしゆや》に至る、長さ約90キロメートルの海岸線だ。石柱などが隆起し沈降と噴出によって複雑化した地形が続く。太古の海の姿をとどめる山口屈指の絶景スポットだが、なかでも原初的な感動が味わえるのが龍宮の潮吹だ。

龍宮とは長門市油谷の海岸エリアにあり、潮流や波によって削り取られてできた地形のこと。一帯は第四洪積世《こうせきせい》の玄武岩から成り、洞穴には玄武岩が横たわるが、その奥に龍宮があると伝えられる。

「龍宮の潮吹」は、その一角で発生するダイナミックな自然現象だ。海面付近にある縦1メートル、幅20センチの洞穴に波が突入すると、奥の空洞に圧縮された空気が海水を勢いよく外に出そうと、天に向けて海水を噴き上げるのだ。まるで龍が天に向かって舞うような有様から「龍宮の潮吹」と呼ばれるようになった。北風が強く波の高いときなどは、その高さが30メートルにも達するという。太陽を反射した潮は美しく輝き、銀の砂をまくような光景が見られ、そのさまは龍が天に昇るようにも見えるという。

1934年、「龍宮の潮吹」は国指定の天然記念物に指定されたが、古来、この原初的な現象は、水中に棲み、水をつかさどる龍神の神威として土地の人びとに信仰された。干ばつのおりには雨乞《あまご》いの祈願のため集まる人が多かったといわれている。

●山口県萩市にあるストライプ柄の断崖とは?

山口県萩市、日本海に面する須佐湾の奥を北に約5キロメートルほど進んだ海岸沿いに、「北長門海岸国定公園」を代表する観光地がある。「須佐の畳岩《たたみいわ》と千畳敷《せんじょうじき》」という約15メートルの断崖の名勝だ。

学術名から「須佐ホルンフェルス大断層」とも呼ばれる、奇異な名前にふさわしい特徴的な容貌で多くの見物客を集める。特徴は断崖壁面の大胆な柄。白、黒、グレーが見事なストライプ柄となってそびえる。いかにしてこの断崖が生まれたのか？

１４００万年前、マグマが噴出して高山《こうやま》が誕生したとき、一帯に大断層ができた。ストライプ柄の断崖も、そうした断層の一つ。白い砂岩層と黒い泥岩層《でいがんそう》が堆積して須《す》佐層群《さそうぐん》ができたが、そこにマグマが貫入《かんにゅう》し、その熱作用によって火傷《やけど》のように変成岩に変化した。いわばその火傷の跡が、現在のストライプ柄となって定着したのだ。

一般的に「須佐ホルンフェルス大断層」といえば、「須佐の畳岩と千畳敷」を指すことが多い。しかし、学術的にいうなれば「ホルンフェルス」は、これより、もう少し北にあるものが本来のホルンフェルスに近いという。「須佐の畳岩と千畳敷」は火傷がひどく、黒いストライプ柄が黒雲母《くろうんも》と呼ばれる鉱石に変わっているのだという。大地の動きをダイナミックに体験できるこの景観は、昨今デートコースとしても人気を博している。断崖の火傷の前で、燃えるように愛を語りあうのだろうか。

●世界最小にして豊富な植生　山口のフシギ火山

直径30メートル、深さ30メートルの噴火口、標高は112・2メートル、世界最小ともいわれているミニサイズの火山が日本にある。山口県北西部の萩市や阿武町《あぶちょう》などに点在し、40余りの火山で構成されている阿武火山群《あぶかざんぐん》。そのなかで約1万年前に噴火した最も新しい火山が笠山《かさやま》だ。噴火した後の山の形が平安時代に女性が被《かぶ》っていた市女笠《いちめがさ》に似ているため、「笠山」と呼ばれるようになった。

笠山は小さいだけが取り柄ではない。溶岩が冷えて固まった笠山は、風が出入りする風穴が多く見られ、天然の空調設備の役目を果たしている。日本海からの海風が岩の隙間を通り、地中で冷やされるため真夏でも13℃くらいの冷たい風が流れているのだ。このため、寒地性シダ植物であるホソイノデやコタニワタリ、暖地性シダ植物のイノデなどが混生し、ほかに例のない植生が成り立つ。

また、虎ヶ崎《とらがさき》の北の端には10ヘクタールにわたって60余種、およそ2万5000本のヤブ椿《つばき》の群生林が自生している。その密度は日本一であり、12月上旬～3月下旬と長期間にわたって鮮やかな花が咲く。

藩政時代、笠山が萩城《はぎじょう》の北東、鬼門の方角にあたるため、藩は笠山の樹木の伐採や鳥獣の捕獲を禁止していた。よって、笠山は原生林のまま大木におおわれていた。明治になってその禁が解かれ、一時は雑木とともに虎ヶ崎の椿も切り払われた。しかし、雑木のなかに椿の赤い花を見た椿の研究者の助言により椿林が整備され、見事な景勝となったのだ。

【香川県】

●香川県にギネスに登録された世界一「狭い」海峡がある!?

津軽海峡や鳴門海峡など、日本には海峡が多い。「海峡」とは陸地と陸地に挟まれた狭い海域のこと。かつ「1日に最低1回は船が通る」という条件を満たすものだ。

日本の海峡のうち、香川県にある「土渕《どふち》海峡」は、ギネスブックにも載った世界一狭い海峡だ。小豆島本島と前島の間に位置する土渕海峡の全長は約2・5キロメートル。そして、一番幅が広いところで約400メートル、一番狭いところでは、わずか9・93メートルしかない。あんまり幅が狭いので、世界一「狭い」海峡として、1996年にギネス認定されたのだ。

ちなみに、世界一幅の広い海峡は、南アメリカ大陸最南端のホーン岬と南極大陸の間にあるドレーク海峡で、最狭部でも約650キロメートルもある。ほかにも100キロメートル以上の幅をもつ海峡が世界各地にあることを思うと、いかに土渕海峡が狭いかわかるだろう。

土渕海峡には三つの橋が架かっているが、最も幅の狭い「永代橋《えいたい》」からの眺めは、はっきりいって、川か用水路にしか見えない。しかし、ここはれっきとした海峡。ちゃんと1日に1隻、個人の漁船だが、船も通る。

それに、土渕海峡を渡ると、海峡横にある土庄町役場で横断証明書（100円）を発行してもらえるのだ。

三つの橋のうちどれを渡ってももらえるが、ここはやはり、一番狭い「永代橋」を渡って、「世界一の海峡を制覇したぞ」といいたい。

●「うどん」で知られる香川県が「松盆栽」の名産地でもあるワケ

香川県といえば「うどん」が有名だが、じつは「松盆栽」も名産だ。とくに高松市の鬼無町《きなしちょう》および国分寺町《こくぶんじちょう》は松盆栽の一大産地で、全国シェアの約8割を占めるほど。両町では、幼い松がずらり並んだ畑や、松盆栽の鉢がたくさん置かれた庭など、日本一の松盆栽の産地らしい光景が見られる。

香川の松盆栽の歴史は、約200年前の江戸時代にさかのぼる。「白砂青松」と形容される瀬戸内海沿岸には老松が多く自生しているが、そのなかから枝ぶりのよい黒松を採ってきて、盆栽に仕上げたのが始まりだ。

その後、明治時代に、国分寺町の末澤喜市という人物が鬼無町と協力し、錦松《にしきまつ》の接《つ》ぎ木《き》に成功。栽培技術の普及に努めたおかげで、一帯での栽培がさかんになった。第二次世界大戦中、盆栽は薪として利用され、一時的に途絶えたものの、終戦後、残っていた松の接ぎ木によって復活を遂げたという。

両町が松盆栽の名産地となった鍵は、その土地にある。一帯は、砂地が多く、農耕には向かなかった。

だが、花崗岩質で形成された砂地は水はけがよい。よって松が根腐れしにくく、傷みにくいという利点があった。

また、温暖で雨も少ない瀬戸内海沿岸の気候は松の育成に適している。そこに果樹栽培などで培われた剪定《せんてい》や接ぎ木の技術が活かされ、高品質の松盆栽が誕生したのだ。

香川県の松盆栽は海外へも輸出され、「ＢＯＮＳＡＩ」の名で親しまれている。今や香川県は松盆栽の世界一の産地といえよう。

●なぜ、香川県の山はおむすび型とテーブル型なの？

香川県内をドライブしていると、他県とは異なる風景に気づく。まるで「おむすび」のように、なだらかな曲線美を描いた円錐形の山や、「テーブル」のように上部が平らになった台形の山がポコポコと現れるのだ。

県北部に広がる讃岐《さぬき》平野には、こうしたおむすび型（円錐形）とテーブル型（台形）の山が点在している。おむすび型の山には、飯野山《いいのやま》、白山《しらやま》、堤山《つつまやま》などの「讃岐七富士」と称される山やま。テーブル型の山には、源平合戦の古戦場として有名な屋島などがある。

これらの山が独特の形をしている理由は、そのユニークな生い立ちによる。たとえば、県南部に連なる讃岐山脈は、海底にあった火山岩の地層に砂や泥が堆積したものが隆起して形成されたが、おむすび山とテーブル山の生い立ちは次のようなものだ。

約１３００～１５００万年前、この辺りで火山噴火が発生。火山灰が堆積し、その上を流れた溶岩が固まって地層が形成された。やがて風雨の侵食に強い溶岩の部分が残って、周囲よりも高い山となる。

さらに侵食が進むと上部に溝ができ、一つの山が複数の小さな山に分かれた。そのうち、頂上の部分が広く残ったものが、「メサ」と呼ばれ台形の山となった。小さくしか残らなかったものが「ビュート」と呼ばれる円錐形の山になったのだ。
現在、県内に火山はない。だが、独特の形をした山たちは、かつての火山活動を物語っているのだ。

【愛媛県】

●愛媛・松山の城下町　町に隠れた土手と段差

日本で12カ所残る「現存天守」の一つ、その優美かつ豪壮な連立式天守で知られる愛媛県の松山城。その基礎を築いたのは豊臣秀吉の家臣として、加藤清正《きよまさ》らとともに活躍した加藤嘉明《かとうよしあき》という武将だった。関ヶ原の戦いでは、徳川家康につき、その戦功を認められて松山を治めることに。しかしその頃、この地はほとんど人が住むことのない、広大な湿地帯だった。加藤嘉明はどのようにして城と城下町を築き、発展させたのか？

松山城は１６０２年に築城が始まり、嘉明がこの地を「松山」と名づけた。町の発展のため、築城や城下町の建設とともに嘉明が尽力を注いだのは治水工事だった。周辺の地形を見ると、松山の町の中心、松山城の東には石手川《いしてがわ》が流れている。松山城の麓の平野は、河川が山地から低地に移り、流れがゆるやかになるところに堆積物が積もってできた扇状地。じつは、川底の浅い石手川は流れを絶えず変え、氾濫をくり返していた。

そこで、城の工事を命じられた家臣の足立重信《あだちしげのぶ》は、石手川の流れを変え、重信川（伊予川）に合流させて氾濫を防ぐ工事をした。この功績により、伊予川が重信川と名づけられたほど、この工事は画期的なものだったのだ。

さらに嘉明の命により、松山城の東側には堤防の役目を担う巨大な土手が築かれた。この土手の跡が住宅地となった今でも高低差となって残っている。愛媛県立松山東高校の校庭には土手のように盛り上がっている地形も見られる。

●愛媛・松山にある、港がない「みなとまち」

松山市の中心、松山城の南側に「銀天街《ぎんてんがい》」という目抜き通りがある。松山で最も歴史があり、そして栄えた商店街だ。名産である伊予絣《いよかすり》など、さまざまな物産を扱う問屋街として発展。松山の経済発展の礎となり、現在、四国最大規模の百貨店と四国唯一の地下街を擁する近代的な町並みで知られる。

そんな銀天街には「湊町《みなとまち》」という字が目につく。「湊町○丁目」という住所表記があり、「湊町支店」という看板などが街中にある。「湊」は「港」の意味もある字だが、見渡しても港らしきものは見当たらず、海はここから5キロメートル以上西にあるという。陸地の商店街に位置するこの湊町の正体は？

にぎやかな銀天街を出ると、目につくのが柳の木。近づくと中央分離帯が視界に入り、見下ろすと、そこには水が流れている。これは松山の町のなかを古くから流れる「中の川」だが、かつては水運のために活用されていた水路だ。「湊町」は港から届けられた品物の荷揚《にあ》げ場《ば》として機能し、商業の中心地として発展してきたのだ。

松山の港である三津から陸路でこの地域まで荷物を運ぶのは、物量的にもコスト的にも負担が大きかった。

そこで活躍したのが水路による物流だった。もともとは灌漑用水《かんがいようすい》のための水路だったが、上りは小舟を川岸から綱をつけて人力で引っ張り、下りは流れにまかせる水運が生まれたという。町の中心に「湊町」という町が存在するのは、そうした経緯あってのことだった。

●火山がないのに道後温泉《どうごおんせん》に温泉が湧いている理由

　火山が近くにあり、雪や雨などが染み込んだ地下水がマグマの熱で温められ、湧き出る、あるいは掘り当てる。それが一般的な温泉のイメージだろう。道後温泉は愛媛県松山きっての観光地であり、兵庫県の有馬温泉、和歌山県の白浜温泉と並ぶ日本三《にほんさん》古湯《ことう》の一つに数えられる温泉地だが、現地を見渡してみても火山とおぼしき山影は見当たらない。道後温泉にはどうして熱い温泉が湧くのか？

　じつは、温泉の分類は大きく「火山性の温泉」と「非火山性の温泉」に分かれる。「火山性の温泉」は火山地帯の地下深くにできたマグマだまりの熱が、地表に降った雨や雪が染み込んだ地下水を温めて湧き出たもの。

また、「非火山性の温泉」は、地下100メートルごとに約3℃ずつ上昇する地熱が元となる温泉で、雨や雪など、地中に染み込んだ地下水がこの地熱を熱源に温められ、湧き出るのだ。

　近隣に火山のない松山の道後温泉は、非火山性の温泉ということになる。ちなみに、温泉街の裏手にある高台には雨水が染み込む割れ目がある。

　地下で圧迫されていた岩、押さえつけていた岩が風化、侵食によってなくなったことで膨張して生じた割れ目だ。道後温泉の温泉はここから雨水が染み込み、地下の熱源で温められたもの。

道後温泉の本館が位置する場所は断層が存在し、割れ目のある高台と地下水脈としてつながる場所だった。火山がなくても温泉があるのは、こうした地中の働きのおかげというわけなのだ。

【高知県】

●「台風銀座」と呼ばれる高知県室戸《むろと》岬のヒミツ

高知県には、太平洋に突き出た２つの岬がある。そのうち東にあるのが「室戸岬」だ。

室戸岬は強風が吹く地域として知られ、黒潮の流れる沖合は「台風銀座」と呼ばれている。台風が近づくと、暴風が吹きつけ、海が荒れ狂う室戸岬の映像をテレビで見たことがある人もいるだろう。

そんな室戸岬では、最大風速毎秒69・８メートルを記録したことがあるそうだ。じつはこれ、平地での最大風速の日本記録なのだとか。

また、1961年の第二室戸台風では、あまりの強風で風速計が壊れ、計測不能に。実際は、毎秒84・5メートル以上の暴風が吹き荒れていたらしい。

さらに、強風日数（風速毎秒10メートル以上）が258・1日という記録ももつ。これも、富士山頂を除けば、日本記録だ。このように、室戸岬に強い風が吹くのは、その地形が大きく影響している。地図を見るとわかるが、室戸岬は、きれいなVの字の形をして太平洋に突き出している。周りに障害物になる陸地や島などもなく、全方向からまともに風を受ける地形をしているのだ。室戸岬周辺の国道沿いには、防風対策の高い石垣が続く。まるで城塞のような光景は、自然の厳しさを物語っている。

だが、室戸岬を含む室戸市全域は、地形や断層、地質など、地球活動の遺産を有する自然公園として「世界ジオパーク」にも認定されている。強風も含めて、自然の力をダイナミックに感じられる場所といえよう。

●高知県で獲《と》れる魚の種類がバラエティ豊かなのはなぜ？

高知県のカツオの全国消費量ランキングは毎年1位だ。「一本釣り」で釣り上げたカツオのたたきは土佐名物としても人気が高い。

そんな名実ともにカツオ王国の高知は、じつは、カツオ以外の魚にも恵まれている。

高知県沿岸で獲れる魚の種類は、何と約1500種。これは、南から流れてくる黒潮が、多様な魚を運んでくるからと考えられる。

しかし、同様に黒潮の流れる太平洋に面した静岡県では、獲れる魚種は約1000種と、高知県の7割程度しかない。なぜ、高知県ではバラエティ豊かな魚が獲れるのだろうか？

その答えには、やはり黒潮と、高知県の地形が関係している。黒潮は、高知県南西部の足摺岬《あしずりみさき》沖で東に進路を変え、本州の沖合に向かう。この進路を変えるときに、深海に含まれる栄養分を浅い層まで巻き上げ、魚のエサとなる植物プランクトンを増やしてくれるのだ。

また、土佐湾内には「足摺海底谷群《かいていこく》」などの海底谷、沖合には「足摺海丘」などの海の丘が存在する。こうした複雑な海底地形が天然の魚礁《ぎょしょう》となっていると考えられる。

陸上でも、山地の占める割合がほぼ9割と他県より多く、これらの山地から流れる川が、山の栄養分を海まで運んでくれるのだ。さらに、高知県沖の水温は、静岡県沖に比べて5℃ほど高い。よって、南から運ばれてきた魚たちが回遊しやすいといわれている。

こうした地形と気候によって、高知県は、全国で最も獲れる魚種の多い県となっている。カツオ王国ならぬ「お魚天国」なのだ。

●高知県仁淀川町《によどがわちょう》の大引割《おおひきわり》・小引割《こひきわり》は地球の割れ目!?

高知県は海の幸や景勝が豊富な土地だが、想像力をかきたてるミステリアスな地形にも恵まれている。ここに紹介する高知県中西部にある仁淀川町の「大引割」と「小引割」もその一つ。

緑豊かな遊歩道、天狗の森と鳥形山のほぼ中間点、標高1100メートルの山頂にあるのが、巨大な岩の裂け目だ。

原生林の崖っぷちに立つと、長さ約80メートルの亀裂が口を開いている。底に下りることはできないが、約30メートル、10階建てのビルくらいの深さだ。ずっと地球の奥まで続くような雰囲気が漂う。幅は3〜8メートルで、場所によっては向こう岸まで飛び移れそうだが、失敗して奈落の底へ……。そんなイメージが脳裏をかすめ、足がすくむ。

この亀裂は「大引割」と呼ばれ、その3メートルほど横を平行するように走っている「小引割」とあわせ、国の天然記念物に指定される景勝地として知られる。「小引割」の長さは約100メートル、幅約1・5〜5メートルで、「大引割」より細長いサイズだ。二本の亀裂は白木谷層群《しらきだにそうぐん》に属する赤色、赤褐色の珪岩《けいがん》にできたもの。100～2万年前の第四洪積世《だいよんこうせきせい》の地殻変動が原因でできたという説もあるが、有史以前の大地震によってできたという説が有力。

いずれにせよ、仁淀川町一帯は約3億年前の海底が隆起してできたという四国カルストの広大な台地の一部。「大引割」と「小引割」のような地形を見れば、地球という惑星の奇跡を実感できるかもしれない。

【福岡県】

●福岡の城下町のなごりを伝えるS字カーブの謎

江戸時代、黒田長政が治めた福岡藩は、城の防衛のためにさまざまな策を講じた。そのなごりが現在の西鉄福岡（天神）駅の周辺に残っている。駅の西側、明治通り沿いに存在する130メートルほどのS字カーブだ。

現在はゆったりとしたS字カーブだが、明治時代は直角に近い道筋だった。明治通りを走っていた路面電車は極端なカーブを走るしかなく、電線のポールが外れる、脱線するなどトラブルに見舞われることが多々あった。そもそも、このS字カーブは何なのか?

西鉄グランドホテルなどのビルが建ち並ぶ都心に位置する4車線の大通りの辺りは、かつて黒田家の親族が屋敷を構える大名町だった。城下町の普請《ふしん》が始まった際に、黒田長政は屋敷の町並みを一般的な城下町のような見通しのよい碁盤の目状ではなく、わざと見通の悪い「食い違い」を設けた。そうすることで道が曲がった場所で待ち受け、敵が侵入したときに攻撃することができる。食い違いは城を防衛するための工夫だったのだ。

武士の時代が終わり、近代化の流れのなかで路面電車の敷設が始まったとき、明治通りを直線で結ぶ計画が立てられた。それには、食い違いの一角にあったカトリック大名町教会を立ち退かせなくてはならない。撤去を要求された教会側は、クリスチャンであり、のちに総理大臣となる原敬《はらたかし》に相談したところ、彼は立ち退き中止を指示。その後の整備により食い違いは改善されたが、そのなごりはS字カーブとして、今も残されることとなった。

【長崎県】

●長崎が失ってしまった日本の「原風景」とは?

長崎という地名の由来について、よく知られるのが「長く突き出た岬」という説だ。戦国時代末期までは、諏訪《すわ》神社の辺りから長崎県庁にかけて長い岬が突き出し「ながか、みさきのあるところ」といったのだとか。ここで気になるのは「長い岬」。現在は、平野部である市街地と山の上まで家が続く坂の町として知られる長崎だが、「長い岬」とは何か?

長崎の町は開国から50年ほどで劇的にその姿を変化させたという。そもそも、元の長崎は、先の長い岬が内海に突き出る地形。駐車場の奥の石垣、岬に沿ってつくられた石垣など、岬の痕跡が町の随所に残っている。さらには「船津」という、その名になごりを残す地名もある。突き出した岬の内側におだやかな内海をもつ自然の良港だったのだ。周囲は優雅な山やまに囲まれ、山肌には段々畑が広がる。日本の原風景が、かつての長崎にあった。

明治時代となり、開国によって大勢の外国人が渡航してくると、外国人居住地を拡大するため長崎は急ピッチで開発が進められた。内海部分はじょじょに埋め立てられ、段々畑は住宅地に変わり、開発は山の上へ進み、あっという間に様変わりしてしまったのだ。

もともと、コンパクトなサイズだった長崎だが、世界中から人びとが集まり、さまざまな文化交流が行なわれ、最先端をゆく町として日本の文化を牽引《けんいん》していったのだ。長崎発のゴルフ場、ボーリング場、カステラ、珈琲《コーヒー》……かつての、長い岬しかなかった時代からは考えられない光景が広がっていくことになった。

●外国人の居留地となった長崎「オランダ坂」の町

1859年、鎖国が終わり、長崎は横浜、箱館などとともに開港。大勢の貿易商、宣教師、医者が長崎に来航し、事業や布教を展開するようになる。スコットランド出身の貿易商で日本の近代化に大きく貢献したトーマス・ブレーク・グラバー、オルト商会を設立し製茶業《せいちゃぎょう》を営んでいたウィリアム・ジョン・オルトなど、諸外国の商人たちは次つぎと大浦《おおうら》に邸宅を建てた。グラバー邸やオルト邸を手がけた小山秀之進《ひでのしん》により日本最古の西洋建築となる教会・大浦天主堂《おおうらてんしゅどう》もこの地に建てられている。

こうして、東山手や南山手には外国人居留地がつくられ、長崎の町の様相は激変する。外国人居留地の拡大や、産業振興にともなう人口増加のため、開発は坂や山の上にもおよぶようになった。また、出島に住むオランダ人の影響か、長崎の人びとは西洋人すべてを「オランダさん」と呼んだことから、「オランダさんが通る坂」という意味で東山手の外国人居留地一帯の坂道をすべて「オランダ坂」と呼んだという。

しかし、明治を過ぎると長崎居留地はそれほど発達せず、上海を中心とする地域に在住した欧米人の保養地としてにぎわうようになった。近隣の雲仙温泉《うんぜんおんせん》の存在も保養地としての魅力を増すこととなった。こうして、畑にも家が建てられ、居住区は山の上まで続いた。高台から広がる風景を見て、外国人は祖国の地をしのんだのだろうか？　現在は、その異国情緒あふれる坂の風景とともに、観光スポットとなって多くの人に親しまれている。

【大分県】

●別府温泉の「血の池地獄」はなぜ、こんなに赤いのか？

「海地獄《うみじごく》」の湧出量《ゆうしゅつりょう》は約１５０万リットルでイエローストーン国立公園に次いで世界

第2位、源泉数（温泉が湧く場所の数）では世界一を誇る大分県の別府温泉。「別府地獄めぐり」と称される、名勝地として楽しむコースはインパクトがあり、多くの観光客を集める。「別府地獄めぐり」には「海地獄」「龍巻地獄《たつまきじごく》」「白池地獄《しらいけじごく》」など奇異な名の地獄があるが、注目すべきは、何といっても「血の池地獄」。

霊場のような岩場、噴気、漂うけむりが醸し出す風景は地獄そのもの。驚くべきことに、池の色がまっ赤《か》な血の色。その終末的な様相に訪れる人は思わず息を飲む。奈良時代の『豊後国風土記《ぶんごのくにふどき》』にも登場するこの地獄、発見された当時は「赤池《あかいけ》」や「赤《あか》温泉《おんせん》」といわれていた。中国から仏教が伝わってからは仏教思想の地獄観から「血の池地獄」と呼ばれた。

見事なまでに血の色を呈する「血の池地獄」のまっ赤な湯の正体、それは赤い熱泥《ねつでい》だ。地獄池の底にある地層で、酸化鉄や酸化マグネシウムが高温、高圧下で化学反応を起こし、熱泥となって噴出。空気中の酸素に反応することで、赤く染まり、池一面を血の色で満たすのだ。地層という肉体の奥から、鉄分を含んだ液体が噴き出す、まさに大地の血液だ。

「血の池地獄」の広さは1300平方メートル、粘土質のため正確なことは不明だが、深さはだいたい30メートルくらいだといわれ、1日あたり1800キロリットルもの血、いや、湯を噴き出す。地球もまた生きていることを実感させる名勝なのだ。

【熊本県】

●「火の国」熊本が水にも恵まれているのはナゼ？

世界最大級のカルデラをもつ火山・阿蘇山があることから、熊本県は「火の国」と呼ばれてきた。だが、熊本は同時に豊かな水に恵まれた「水の国」でもあるのだ。

その証拠となる現象を、熊本市中央区にある水前寺成趣園《すいぜんじじょうじゅえん》で見ることができる。この庭園にある池の水面を見ていると、ときどき、プクプクとあぶくが立つ。じつはこれ、水が湧いている様子なのだ。

こうして水が湧き出る仕組みは、熊本の地形と地層によってつくられた。熊本城のある京町台地の地層は阿蘇山の火砕流でできているため、隙間が多く、水が浸透しやすい。この地層にたまった雨水が低いほうへ流れ、台地の端で湧き出ているのだ。

ただ、阿蘇山はこれまでに巨大な噴火を4回くり返している。水前寺成趣園の湧水は4回目の噴火で流れ出た火砕流の地層を通っているが、じつはその下には1～3回目の火砕流堆積物の地層があり、やはり雨水がたまっている。つまり、熊本の地下には2階建て構造の貯水タンクがあるようなものなのだ。

熊本市東区の健軍水源地《けんぐんすいげんち》には、日本最大級の自噴井戸《じふんいど》、「健軍5号井《けんぐんごごうせい》」があるが、こちらは、そのもう一つの貯水タンクから湧き出る水。井戸からジャブジャブと水が噴き出る様子はまるで噴水のようだ。

こうした自噴井戸が熊本市には98もあり、水道の100パーセントをこれらの地下水でまかなっているという。豊富な水源をもつ熊本は、まさに「水の国」ともいえよう。

●熊本一の繁華街、下通《しもとおり》商店街はかつての白川《しらかわ》が流れた跡！

熊本県内最大のショッピングアーケード「下通商店街」には、休日ともなるとストリートミュージシャンたちがライブを披露し、繁華街らしいにぎわいを見せる。そんな下通商店街を入り口から北東に向かって歩き、銀座通りの交差点辺りで前方を見ると、道が右にカーブしていることに気づく。

じつはこのカーブは、熊本市の中心を流れる白川が、かつて流れていた跡。白川は、阿蘇から流れてきて有明海に注ぐ一級河川だ。現在は下通商店街よりも南側をまっすぐに流れているが、江戸時代初期までは、今の商店街の辺りで、北側にある熊本城のほうへ、くねっと曲がっていたという。

確かに、江戸時代初めの絵図では、白川は街の中心部で曲がり、熊本城の下を流れている。じつは、白川を現在のように直線にしたのは、肥後熊本藩初代藩主・加藤清正だ。

清正が白川を直線化した理由は三つあった。一つめは洪水対策。直線にして流れをスムーズにし、氾濫を防いだ。二つめは城の防衛強化。じつは、当時の白川は、熊本城のそばで坪井川《つぼいがわ》と合流していた。この二つの川を切り離すことで、熊本城のそばを流れる川は内堀として、その外側を流れる白川は外堀として、二重の防衛ラインができた。

三つめは城下町の拡大。流路を大きく南側にとることで、白川より南側にあった土地を城下町として取り込むことができたのだ。白川を直線化し、まさに一石三鳥の利を得た清正は、治水の神様とも呼ばれている。

●「あんたがたどこさ」の「せんば山」は熊本にある?

「あんたがたどこさ」で始まる童唄《わらべうた》は「ひごさ、ひごどこさ、くまもとさ」と続く。

これは「肥後」「熊本」のことだ。では、「せんば山にはタヌキがおってさ」の「せんば山」は、熊本のどこにあるのだろう？

せんば山は、童唄の発祥地とされる新町（熊本市）にある。ちょうど熊本城の南西に位置する新町は、かつての城下町。江戸時代には、河川舟運《かせんしゅううん》の舟のたまり場、「船場」があったとも、米俵を運ぶ馬の洗い場、「洗馬」があったともいわれている。いずれにせよ「せんば」と呼ばれていた。

そんな新町を流れる坪井川には「船場橋」が架かり、周辺にはあちこちにタヌキの像が立つ。だが、辺りを見回しても、肝心の山らしきものは見当たらない。

それもそのはず、「せんば山」は、一般的な「山」ではなく、「土塁《どるい》」のことなのだ。江戸時代の絵図を見ると、新町の南側には堀と土塁が築かれている。堀を掘ったときに出る土を盛ってつくった土塁の高さは、3〜4メートル。草木も生えていたため、ちょっとした「山」だったのだろう。そこにタヌキが棲みついていたというわけだ。

現在、新町の西側、九州新幹線の高架下では、堀と土塁の痕跡が見られる。高架に沿った地面のくぼみが堀跡、その片側が一段高くなった場所が土塁跡だ。「あんたがたどこさ」は熊本ではなく、関東で誕生したという異説もあるが、それでも熊本の「せんば山」に「タヌキがおった」ことには違いない。

【宮崎県】

●宮崎・高千穂峡の奇岩はどのようにしてできたか？

「高千穂峡」は宮崎県西臼杵郡《にしうすきぐん》の五ヶ瀬川《ごかせがわ》に位置する景勝地。奇岩と川、滝、そして渓谷に差し込む光が織り成す景色は、まるでテーマパークのアトラクションのように神秘的だ。

1934年には名勝・天然記念物の指定を受けた高千穂峡、そのクライマックスとなる17メートルの高さから水面に落ちる真名井《まない》の滝は「日本の滝100選」にも選ばれた。そんな高千穂峡の魅力を堪能するため、貸しボートでの見学が定番人気になっており、多くの人びとが見どころをめぐって回遊する。

渓谷の高さは平均80メートル、高い場所で100メートルの断崖となってそそり立っている。特徴的なのが、川の両脇に続く「柱状節理《ちゅうじょうせつり》」といわれる規則正しく発達した柱のような地形。

なかでも、「仙人の屏風岩《びょうぶいわ》」と呼ばれる柱状節理は、屏風のように見える圧倒的な

高千穂峡の柱状節理（写真：アフロ）

存在感が観る人を魅了する。こうした摩訶不思議な光景が東西に約7キロにわたって続いている。

これらの柱状節理は約12万年前と約9万年前の2回、高千穂峡の北西、約30キロ離れた阿蘇山の火山活動で生まれたもの。噴出した火砕流が五ヶ瀬川に沿って帯状に流れ出してできたという。その規則的な形状は、流れ出た溶岩が急激に冷えて固まったことが原因。

まず、表面に蜂の巣のような六角のひび割れができ、体積が縮み、物理的な作用によって、この岩石柱ができたのだ。さらに、五ヶ瀬川の流れがこれらの地形を侵食し続けるうちに、現在の不思議な地形となったのだ。

【鹿児島県】

●鹿児島・姶良火山《あいらかざん》がつくったシラス台地

鹿児島の地形といえば、最も印象的なのは桜島だが、シラス台地も忘れてはならない。鹿児島県本土の52パーセント、さらに宮崎県の16パーセントの面積を占める台地、その地層の成分はなんと、火山噴出物《かざんふんしゅつぶつ》。ここは火山の噴火によって生まれた台地なのだ。

となれば、桜島の灰が何万年もかけて降り積もってシラス台地ができたと思われがち。実際、とてつもない巨大噴火が鹿児島で約2万9000年前に起こった。爆発したのは鹿児島湾で発達した姶良火山。その破壊力、なんと、今の桜島の噴火の100万倍くらいだという。桜島もその噴火によって誕生したのだ。

噴出したマグマの量は、鹿児島県全土を60メートルの厚さで埋め尽くすほどだった。また、噴き上げられた火山灰は東北地方南部にまで飛散したという。マグマが出た後の地面はその破壊力によって凹み、鹿児島湾にあたる壮大な地域が姶良カルデラとなる。さらに、この地に、600℃以上の灼熱《しゃくねつ》の火砕流が時速100キロのスピードでなだれ込み、山も谷も埋めつくす。こうして、たった一週間で平らな地形ができたといわれている。

その後、雨が降り、川に削られて残った地形が現在の鹿児島のシラス台地だ。また、約2万6000年前には、姶良カルデラの南端で噴火が始まり、北岳と南岳ができ、二つの火山体が連なる桜島が誕生。つまり、桜島は姶良カルデラの外輪火山だった。シラス台地という桁外れな地形も、とてつもないエネルギーをもった姶良火山のなごりだったのだ。

【沖縄県】

●サンゴ礁がつくり出した沖縄・琉球王国の象徴「首里城《しゅりじょう》」

日本の南西端、1879年に日本の沖縄県になるまで約450年続いた琉球王国。160の島じまから成り、その恵まれた立地から、日本、中国・東南アジア諸国との交易で繁栄した。

那覇市中心部の東部の高台にある首里城（2019年に主要施設が焼失。現在復元中）は、琉球王国の歴史・文化の象徴。鮮やかな朱色に彩られたその気品ある姿は、沖縄のシンボルそのものだ。

琉球王国が繁栄した一つの要因に、那覇港を見渡せる高台に首里城があったことが考えられる。では、この好立地な地形はどうやってできたのだろうか？

首里城のある沖縄本島西南部は、中国大陸から流れてきた泥が固まってできた泥岩《でいがん》が土台になっている。この泥岩層の上にサンゴが繁殖。やがてサンゴがサンゴ礁になり、地殻変動などで隆起し死滅。死滅したサンゴ礁は空気中に露出したことで再結晶化して硬くなり琉球石灰岩《りゅうきゅうせっかいがん》となる。

この琉球石灰岩層が泥岩層の上にフタのようにかぶさり、高台として残ったと考えられている。ちなみに、首里城の地層となる琉球石灰岩のサンゴ礁は約50万年前のもの。

琉球石灰岩は今も沖縄県を代表する建築材料として知られている。沖縄独自のやわらかな曲線を描いた城壁、五角形や六角形の石を組みあわせた石垣など、首里城の遺構も含め、復元箇所のほとんどに琉球石灰岩が使われている。首里城はサンゴがつくり出した地形によって誕生したサンゴの城といえるだろう。

●沖縄・首里城に500年以上涸《か》れることのない湧き水がある？

沖縄の観光スポットである首里城は高台にあるにもかかわらず、湧き水が豊富だ。首里城瑞泉門《ずいせんもん》下の湧き水「瑞泉」は、1523年に中国からもち帰った石の龍頭《りゅうず》を取りつけたことから「龍樋《りゅうひ》」とも呼ばれ、500年以上たった今でも涸れることがない。琉球王朝時代、王の飲み水とされ、中国からの使者にもこの水が振る舞われ、龍樋の周辺には水への賛辞が刻まれた石碑が並んでいるほどだ。

それにしても海抜160メートルの台地から水が湧き出るのは珍しい。これには泥岩と琉球石灰岩、二つの層でできている首里城の地層に秘密があるようだ。

サンゴ礁でできた琉球石灰岩は多孔質《たこうしつ》で、その岩層に大量の雨水を吸い、ため込むことができる。が、その下の泥岩層は水を通しにくい。

そのことから龍樋は琉球石灰岩層にたまった水が泥岩層の境目から湧き出していると考えられる。

首里城には鍾乳洞《しょうにゅうどう》があるが、これも多孔質である琉球石灰岩がつくり出す典型的な地形。

首里城台地の周辺もこの地層の間に水脈があり、琉球王朝時代は豆腐、モヤシ、紙すきが発達していた。沖縄名産・泡盛の醸造もすでに始まっていた。サンゴ礁による琉球石灰岩がつくり出した地形によって、水源に恵まれ、発展した琉球王国。沖縄の古い方言で湧き水や井戸のことを「カー」と呼ぶが、首里城周辺では今もカーによる泡盛、味噌、醤油づくりが引き継がれている。

●沖縄の那覇はかつて島だった!?　海を隔てた首里をつないだ長虹堤《ちょうこうてい》

現在は陸続きになっているが、約６００年前の琉球王朝時代、那覇は浅い入り江のある浮き島だった。そのため、海を隔てた首里へは船で行き来しなければならず、浮き島に滞在する中国皇帝の使節「冊封使《さくほうし》」や賓客らは大変に不便だったという。

そこで１４５１年、琉球第五代国王・尚金福王《しょうきんぷくおう》は、那覇から沖縄本島の安里川《あさとがわ》側まで全長約１キロメートルの陸路建設を命じた。堤防と安里橋と美栄橋《みえばし》を含む7カ所に石橋が架けられた海上道路は当初「浮道《うきみち》」と呼ばれた。

石橋は中国文化への配慮だったとされる琉球王国初のアーチ型だった。このデザインからのちに「遠望すれば長虹のごとし」とたたえられ「長虹堤」と呼ばれるようになった。

長虹堤の建設後、浮島と首里との浅瀬は干潟化が進む。浮島での人口増加に伴い、住宅用地のために干潟が埋め立てられ、しだいに陸続きになった。長虹堤は明治までは主要道路として使われていたが、現在は十貫瀬通《じっかんじどお》りに痕跡が見かけられるのみ。

だが、葛飾北斎が描いた浮世絵『琉球八景』のなかには長虹堤が描かれており、那覇市にある波上宮《なみのうえぐう》境内の「浮島神社」には、当時の様子が次のように残されている。「海深く波大きにより、この工事の完成は人力の及ばざるところとして、壇を設け二夜三昼祈願をこらした。はたして、海水が涸《か》れ海底が現れたので安里橋から伊辺嘉麻《いびがま》に至る長虹堤を完成することが出来た」。これらの史料から往時の長虹堤の姿を垣間見ることができる。

●暗渠《あんきょ》ガーブ川の上に建つ水上店舗は沖縄復興の証《あか》し

観光客でにぎわう沖縄県那覇市の中心市街地の地下を流れるガーブ川（我部川）。かつて入り江の浮き島だった那覇と首里の間に海上道路「長虹堤」ができ、陸化が進んだが、ガーブ川下流は昭和初期まで湿地帯だった。地元の言葉で湿地やくぼ地を意味する「ガーブー」から名づけられた。暗渠（地下に埋設したり、蓋をかけたりした水路）となっている部分が多いが、それは戦後の復興のため、川の上に水上店舗がつくられたからだ。

第二次世界大戦後の復興のため、1948年に公設市場ができると周辺に店が増えていく。だが、大雨が降るたびにガーブ川が氾濫し浸水被害が発生した。そこで那覇市都市再開発事業の一環として大規模な改修工事が行なわれることになった。土地不足と洪水という二つの問題を解決するため、ガーブ川をおおって洪水を防ぎ、その上に建物をつくるという方法が採用される。こうして1965年、暗渠になったガーブ川に水上店舗が完成した。

ガーブ川両岸の高低差による道の起伏と迷宮のように広がる那覇の商店街。その下をガーブ川は、壺屋および牧志3丁目と松尾2丁目の間を流れて「ガーブ川中央商店街」「市場本通り商店街」「むつみ橋通り商店街」の下を進み、むつみ橋交差点で「国際通り商店街」へ。次に「沖映通り商店街」の下を流れ、牧志1丁目で流れを変えたところで開渠《かいきょ》となり、十貫瀬橋付近で久茂地《くもじ》川と合流する。ガーブ川はじつは川ではなく、那覇市の公共下水道雨水施設なのだ。

●塩水が流れる不思議な川　天然記念物に指定済み!!

塩は私たち人間が生きていくために必要不可欠な栄養素だ。日本にも塩尻とか塩釜とか塩津だとか、塩がつく地名はあふれんばかりにある。塩川という地名が山梨県にあるが、別に塩水が流れているわけではない。川は淡水、それが常識。

しかし、世界に2カ所だけ塩水が流れる川がある。一つはプエルトリコにある。もう一つは沖縄県国頭郡本部町《くにがみぐんもとぶちょう》にある。その名も塩川。山梨県のものとは違い、塩分を含んだ水が流れている。世界的にも大変珍しく国の天然記念物に指定されている。それも沖縄が日本に返還された当日に。

塩川は300メートルほどの短い川だが、海水が流れ込んでいるわけではなく、湧き水が塩水なのだ。なぜ塩水が湧き出ているのかはっきりとした理由はわかっていない。たとえば乾燥地域にある死海のような塩の湖は水のなかの塩分が蒸発によって濃縮され続けてできる。しかし、雨の多い日本ではその現象は起こりえない。

これまでの調査で、潮位が高くなると川の水量は増えるが塩分濃度は下がることが判明している。このことから海水が地下から湧き出ているわけではなく、海水が地下で真水と混ざり合って湧き出ているのだと考えられている。

塩川では、日本でここにしか生息していない貴重な生物が生息している。さらには、地下水に生息するような甲殻類も確認されていて、短い川ながら奥深い川となっている。

※本書は２０１７年12月に小社より刊行した『眠れなくなるほど日本の地形がおもしろくなる本』の第１章と第２章を改訂し、文庫化したものです。

著者　ワールド・ジオグラフィック・リサーチ
旅行好き、地理好き、地図好きが高じて、地理に関するあらゆる情報を日々、収集している研究グループ。教科書には載っていないおもしろい地理の知識を身につけることにより、会話の継ぎ穂として役立てられることを目指して本書を執筆した。著書に『眠れなくなるほど地理がおもしろくなる本』（宝島社）がある。

スタッフ
装丁／妹尾善史（landfish）
カバーイラスト／龍神貴之
DTP／株式会社ユニオンワークス
構成／クリエイティブ・スイート
文庫編集／小林大作・上尾茶子

宝島
SUGOI
文庫

知れば知るほど面白い 日本の地形の謎

(しればしるほどおもしろい にほんのちけいのなぞ)

2024年2月20日　第1刷発行

著　者　ワールド・ジオグラフィック・リサーチ
発行人　関川 誠
発行所　株式会社 宝島社
〒102-8388　東京都千代田区一番町25番地
電話：営業 03(3234)4621／編集 03(3239)0927
https://tkj.jp
印刷・製本　中央精版印刷株式会社

Printed in Japan
First published 2017 by Takarajimasha, Inc.
ISBN 978-4-299-05263-6